Bipolar

(végletek között)

Arte Tenebrarum Publishing
www.artetenebrarum.hu

Copyright

Szerzők:
Gabriel Wolf (© Farkas Gábor)

Marosi Katalin

Szinopszis

Ebben a verseskötetben ötven téma található. A szerzők mindegyiket saját stílusukban dolgozzák fel, öntik rímekbe szedett szavakba: így született meg ötven cím (összesen száz vers) erősen eltérő, végletes nézőpontokból.

Marosi Katalin regényeiben és verseiben egyaránt gyakran előfordulnak a romantikus, érzelmes és szerelmes motívumok. Gabriel Wolf műveiben pedig a sötétség, az őrület és a horror.

A szerzők egyfajta művészeti kihívásként úgy döntöttek, alkotói stílusukat szembeállítják egymással.

Egy példa a kötet koncepciójára:

„Túlvilág" című költeményében Marosi Katalin a mennyországról ír, Gabriel Wolf azonos című versében pedig a pokolról.

A kiadvány címét, azaz a „Bipolar"-t az ihlette, hogy a szerzőkben felmerült, mennyire másképp lehet szemlélni pontosan ugyanazt a dolgot, hiszen minden csak hozzáállás kérdése. A bipoláris depressziónak is ez a lényege: Az abban szenvedő beteg hajlamos a dolgokat egyszer túlzottan pozitívan, reményt keltően szemlélni (túl sokat vár az adott eseménytől, aztán emiatt túl nagyot is kell csalódnia), másszor pedig ugyanazt túl sötéten, reményvesztetten és letargikusan látja (ami által képtelen a valódi boldogságra).

Ez a kötet a végletes gondolkodásról szól. Arról, hogy néha milyen könnyű egyik végletből a másikba esni. Továbbá arról, hogy a szépségben is rejlik szomorúság és melankólia, de a sötétségben is megcsillanhat olyan, ami szép és magasztos.

Előszó

Különös kötet a *Bipolar*. Egyetlen vers, amely a címként használt idegen szó mentén bomlik ki, egy szó-listán keresztül szövegezi meg önmagát, mert a tartalomjegyzék is olvasható egysoros, hosszú versként. De van ebben a kötetnyi versben már egy megválaszolatlan, talán tudatosan megválaszolhatatlan kérdés: Miért pont ez az ötven? És miért ebben a sorrendben? A Szerelem kezd, de nem világos, hogy van-e kapcsolata az utána következőhöz, a Túlvilághoz. De aztán mintha mégis minden összefüggene, hisz a Születés és a Halál és talán még a Remény is kapcsolható, de hogy kerül ide a Szeptemberben?

Az olvasó vágya, hogy legyen valami autonóm értelem mindenütt, legyen összefüggése az ötvennek. A lista azonban határozottan eltérít ettől, letiltja a logikát, valahol alapvetően a rendetlenséget, a rend és értelemnélküliséget akarja megtenni legfőbb értelmének. De az is lehet, hogy éppen az olvasó feladata az, hogy kényszerűen maga találjon értelmet az ötven szó között, tárgyak, fogalmak között, amelyekre asszociálva kiépítheti saját univerzumát, világának identitását. Vannak szavak, a szavak nagy többsége ilyen, amelyek valamilyen érzelmi állásfoglalást, átélést várnak el: a Szerelem, a Haza, az Anya, a Család, a Gyász stb. elkerülhetetlen érték-szó. De vannak másfélék is, amelyek semmilyen szükségszerű érték-reakciót nem tartalmaznak, mint például az Odú, a Madár, az Erdő, a Gyertya. Minden szó egyszerű főnév, tárgy neve vagy fogalom, egyetlen ragozott szó van köztük, a Szeptemberben.

Az ötven szó azonban száz verset fed, amelyek így rákényszerítik az olvasót egy, illetve két asszociáció-sor befogadására, versekkel írják felül a tartalomjegyzékben olvasott szó-lista verset.

A cím, a *Bipolar* angol szakszó, a „bipolar disorder" első szava, magyarra bipoláris zavarként fordították, igazából egy ősrégi mindig volt és sokszor megénekelt patológiás állapotra, a mániás depresszióra utal. A bipoláris ember valódi ok nélküli kettős hangulatban létezik, egyszer mélységes elveszettséget, értelmetlenséget él meg, máskor meg valami igazi ok nélkül beálló teljes, határtalan boldogságot érez. De könnyen lehet, hogy ez a bipolaritás nemcsak patológia, hanem bárki és mindenki alapvető életérzése, melankolikusan és mániásan lakunk benne a világunkban. Valahol a kezdet kezdetén elvesztünk egy teljességet, a totális anyai körülölelést, és ez a veszteség, így vagy úgy, kezelhető hangulatokként vagy nyomasztó betegségként mindenkiben

4

visszatér. Ezt a veszteséget tagadjuk a világban minket tükröző ideál nagy örömével.

A kötet persze már az alcímével *(végletek között)* is általánosítja, vagy éppen másféle ellentétekre viszi át a bipolaritást, a versek a jó és a gonosz, az erős és a gyenge, a pozitív és a negatív mentén beszélnek egymáshoz (vagy beszélnek el egymás mellett). Vajon a két versíró olvasta-e egymás versét, ki olvasta előbb a másikét, vagy éppen senki sem tudott semmit a másik versről, csak a témalista volt meg? Vajon van-e verspárokban tükrözés, egymás felé fordulás, vagy mindketten magukba néznek csak és onnan önmagukból származnak a verset létrehozó asszociációk?

Jellemzően erről a tükörről vagy tükör-hiányról szól az egyik, a *Tükör* című verspár. Ezekben mindenki magába néz, „tükör által", a tükör csak őt tükrözi. GW a tükör *mögé* kerül („Bebocsátást nyertem / A tükör mögé") ahogy egykor Alice lépett be abba a bizonyos Tükörországba. De GW e lépéssel létet váltott (Alice viszont mindenütt, tükör előtt és tükör mögött ugyanolyan volt). Itt, ennél a tükörnél másról van szó „Mikor átléptem a falat / Átváltoztam valamivé / Mi nem ember s nem állat...Nincs ki uralkodjon felettem / Enyém minden tudás. Ez valóban a bipolaritás egyik fele, az a bizonyos mániás fázis. De van benne depresszív is, hisz azt írja, hogy „Született belőlem valami, Mit már nem lehet irányítani ... Megöl engem, megfizetem az árát". MK viszont a tükörrel szemben áll, semmi Alice fantázia, Sylvia Plath *Tükör* című verse jutott eszembe róla, csak Plathnál a tükör beszél a benne tükröződőről, itt pedig a tükör előtt álló a maga tükörképéről mint valaki másról szól. Az egész tükör-élmény a személye megkettőződéséről, egyfajta identitás-vesztésről szól („Úgy mozdul, ahogy én, / mégsem én vagyok. / Azén hajam halovány, / az övé valósággal ragyog."). Kétségtelenül melankolikus hangulat, de a vers utolsó sora furcsa mód másképp zár, „mániásba" fordítja a szomorúságot („a sorsom is szép ma / s ezt megköszönöm").

A kötet az Éjszaka témával zár, MK boldog szerelem-vágyásával szemben GW az ürességet, a szerelemtelenséget fogalmazza meg. Az olvasó bizonytalanná válik, merre menjen, kinek fogja pártját. Lehet, hogy pontosan ez a kötet üzenete, a feloldhatatlan, a megoldhatatlan a kettősség, mindig is velünk marad a bipolaritás.

Bókay Antal

Tartalom

Bipolar

Átkarolod a lelkem? Érzed, hogy erre vágyom?
Két karod nélkül nehezen jön az álom.
Enyhet adó érintésed az én nagy vágyam,
A csillagokra felnézve csak téged várlak.

Kell a közelséged. Érints meg most lassan,
Csókold ajkaim lágyan, elnyújtottan.
Ölelésed gyógyír fájó lelkemre,
Ha velem lennél, minden könnyebb lenne.

lelkem örök sötétben bolyong, utamat halál övezi
morózus, megtört alakom sötét árnyak követik
fekete gyászos ruhámat alvadt vér és sár pettyezi
ám a foltokat csak túlhajszolt elmém képzeli

nincs nekem barátom, nincs nő, aki szeretett
mert minden, mi élő, ellenségemnek született
nincs társam, nincs házam, szobám, fekhelyem
csak a sír az, ahol békémet egyszer majd meglelem

balsors kísér, s fogja kezem, mint egy régi ismerős
vele tartok, követem, de gyűlölöm, amiért ennyire erős
ahol boldogság, szépség terem, ott ő gyökerestül irt
bemocskolja mindenem, melyet Isten a sors könyvében megírt

lehajtott fejjel járom az utam, többé nem nézek fel sosem
az én egemen nincs nap, mi éltető fénnyel világít odafenn
ha létezik is világosság, engem sosem ér, nem barnít a nap
talán mindig valahol máshol süt, máshol van csak pirkadat

van, aki él, s egyszer kegyesen eljön érte a halál
engem a halál éltet, enyésző lelkem megnyugvást nem talál
dögvész vagyok, akinek neve van
csak ártok, fertőzök, mert létezem
pestis vagyok, akinek szíve van
minden dobbanással ölök s vétkezem

nem vágyom a halált, de már bánom, hogy megszülettem
nincs helyem e világon, mert csak bántom, akit megszerettem
könnyem nem sós, mert méreg, szavam sem szent, csupán vétek:
az emberiség ellen, az Isten ellen, mondd, Uram, miért élek?

10

miért félek oly nagyon, mi bánt, mi bajom, miért ártok?
miért nézek vakon, ha valójában sosem látok?
miért kérek, kinek kellek én, aki itt a sötétben állok?
egy métely vagyok én, akinek a léte is csak átok

Szerelem

Felragyognak a csillagok
dalra kel a hold
ilyen vidám társaság!
– még nem is volt sehol.
s mikor felkel a Nap –
beköszön az ablakon
karjaidban talál engem
mint két kósza sor
egy tiszta, szűzies lapon

Veled szép az ősz, a tél, a nyár –
De a tavasz mégis a legszebb
Mert az ébredő természetben
Én is tudatomra ébredhetek
…veled…

Ám az ébredés után
Messze szökik a tudat
Követője csak a vágy
S az érintés az, mi itt marad

Egyedül mit sem ér az élet
De most végre itt lehetek véled
Azt kérem a Jóistentől:
A kezem soha el ne ereszd
Én is veled maradok, míg áll a világ
Veled egy emberöltő –
S veled a világegyetem teljes létezése során

Isten segítse közös utunkat!

ülök a semmiben, és a mindent várom
kevély ura vagyok annak, mi oly kevés
az üresség az én kincsem s váram
nincs nékem perc, mi ne lenne büntetés
nélküled

tüskés, izzó trón az enyém egy magányos pokolban
kevély ura vagyok annak, mi ártalmas és kevés
nevet s levet magáról a trón, várok rád álmomban
a kénköves földön fekve fájdalmas az ébredés
nélküled

írnék én ódát, tennék én csodát, ha jó lennék
nélküled
páraként felszállnék, felhőként várnék, majd esnék
nélküled, mert ha nem vagy velem, csak esni lehet
könnyeim zivatara mosná a kihalt utcát
fájdalmam vihara csavarná ki a fát
bánatom esője itatná réten a búzát
magányos haragom lenne a vulkán
mely folyton csak kitörni akar
menekülni, ölni, rombolni akar
mert nem vagy vele

fakasztanék vizet, csiholnék tüzet
teremtenék világot, hajadba vadvirágot
tennék napot az égre, s holdat az éjbe
csillagos utat messzi vidékre

törnék meg tomboló érzelmi viharban
vesznék el örökké illatos hajadban
aludnék örökké gyermekként nyakadban
dőlnék én ezerszer kardomba titokban
halnék én ezer pokolban halált a karodban
veled, csókodban lelve meg a vigaszt
mint hogy éljek örökké fénylő korokban
nélküled, a semmiben keresve a választ

várom a szavad, a hangod, lesem a sorod
hogy írsz-e, szólsz-e a senkihez, ki vagyok
nélküled

ülök a semmiben, és a mindent várom
te vagy a minden, te vagy az álmom
a teljesség, az én kincsem s váram
a nemesség, az én kincsestáram
inkább halnék meg álmomban, de veled
mint hogy még egyszer nélküled ébredjek

Túlvilág

Hazahívott egy angyal, és azt mondta, mennem kell.
Megkérdeztem tőle, hogy miért és hol-e hely?
Csak gyere, és kinyílik a szemed – felelt.
Én hallgattam rá, s lépésről lépésre
haladtam a sík talajon előre.
Megemelkedett lábam,
tollból lett hátam,
fehér vállam,
hazatértem.
Menny

(értem)

Menj
innen, kérlek.
Nem kellek még ide,
hevesen ver a szívem, meleg
még a kezem, ver még az ütőerem,
meleg vér lüktet benne, még élni, élni
szeretne, s az árnyba a fényből gyorsan kilépni.
Nincs nekem még helyem, odalent vár a földi szerelem,
ugye nem veszed el tőlem ezt az érzést, ó angyal kedvesem,
ki a múltban egy szép éjszakán mézédes ajkaiddal suttogtad a nevem?

Nézz hát most odafentre, ahol halálom után állok a mennyben, téged nézve.
Ez a kezdet, az Alfa, ahol születsz, s ahol több van rejtve, mint gondolnád.
Ez itt mind az én világom: a semmi az egyik oldalon, mely belőlem fogant.
Ábrándoztál már a távolba meredve, még akkor is, ha nincsenek távlatok?
Sütkérezz fényemben, míg világítok. Élj vele, használj, míg el nem fogyok.
Míg belőlem élsz, te vagy az árnyék a fényemben, mely egyszer kihuny.
Mert nem leszek örökké veled, hogy legyen miből erőt merítened.
De nehogy megrettenj attól, amit látni fogsz ott, a messzeségben.
Lásd, hogy fent vagyok, és mégis alattad állok az örök halálban.
Mert van egy tengely, s én vagyok a tükörkép mindkét oldalon.
Igen, egy tükör nem csak egy irányba tud tükrözni feléd.
Két oldala lenne a tükörnek? Mi lehet a másikon?
Egy másik világ, akár a pokol?
Ki vagy te, hogy láthatod?
Én csak a semmi vagyok.
De lehet, hogy a minden?
Közepe lenne ez
a valóságnak?
Ébredj!
a valóságnak
ez lenne a Közepe?
De lehet, hogy mindennek?
Én csak a semmi vagyok.
Ki vagy te, hogy nem láthatod?
Egy másik világból, akár a mennyből?
Két oldala lenne a tükörnek? Mi lehet a másikon?
Igen, egy tükör nem csak egy irányba tud tükrözni feléd.
Mert van egy tengely, s én vagyok a tükörkép mindkét oldalon.
Lásd, hogy lent vagyok, és mégis feletted állok az örök életben.
De nehogy megrettenj attól, amit látni fogsz ott, a messzeségben.
Mert nem leszek örökké veled, hogy legyen miből erőt merítened.
Míg belőlem élsz, te vagy a fény az árnyékomban, mely egyszer kihuny.
Rejtőzz árnyékomban, míg takarlak. Élj vele, használj, míg el nem fogyok.
Ábrándoztál már a távolba meredve, még akkor is, ha nincsenek távlatok?
Ez itt mind az én világom: a semmi a másik oldalon, mely belőlem fogant.
Ez a vég, az Omega, ahol elmúlsz, s ahol több van rejtve, mint gondolnád.
Nézz hát most odalentre, ahol életem után állok a pokolban, téged nézve.

Születés

Három angyal érkezett az ablakba,
Valami különös táncot jártak, s miközben
Mennyei fájdalom rándította össze bensőmet,
Őket figyeltem.

Tudtam, hogy érted vannak itt, védeni
S áldott porral behinteni kicsiny valódat
Együtt vártak velem rád, hogy megérkezz
Erre a világra.

Tudtam, hogy már nem sok idő, és a karjaimban
Foglak tartani téged, egy kicsiny életet
Ki eddig testem szerves alkotóeleme voltál,
Édes gyermekem.

Három angyal érkezett az ablakba,
S mikor hangod első akkordjai felszólaltak,
Látható valójuk semmivé foszlott odakint, s lelkednek
Részévé váltak.

halálból születünk, újjászületésbe halunk
a méhben és a sírban senki se hallja szavunk
elköszönünk a Haláltól, mikor a születés révén
kibújunk a véres, sötét anyaméhből
s ismerősként köszöntjük őt, mikor életünk végén
kaszája elővillan férges köpenyéből

ha egy út elején és végén minket ugyanaz vár,
haladtunk-e egyetlen lépést is életünk során?
megtettünk-e távolságot, hoztunk-e békét,
megértést, megvilágosodást vagy megtérést?
ha az életút nem más, mint egy kénköves körforgás
egy ördögi kör, mely útjának macskaköve a szorongás,
mit ér hát a nagyra becsült lét,
ha örökösen csak a halál a tét?

a születés az élet rövid, gyönyörű pirkadata:
büntetés, hosszú haldoklásunk első pillanata
ragadd meg, ereszd el, hadd szálljon tova!
haljon meg, felejtsd el, hadd égjen s szálljon pora!

Halál

Micsoda mocskos kis keringő,
ahogy karmos karja ringó csípőm öleli.
Micsoda ábrándos emlékidéző,
ahogy hús terem múltbéli csontjain.

Micsoda álom, ahogy ez a férfi
szívem, lelkem, testem is kielégíti.
Micsoda vágyam volt annak idején,
hogy ekképp múljak ki télvizén.

Elhagyom ezt a világot, megváltás érkezik,
s látom két szemedben a világot,
ahogy egy könnycsepp arcodon végigsiklik,
az hoz szememre öröklétű álmot.

Elhagyom a földi valóságot, de nagy dolgok
születtek kis elmékből, te is tudod jól.
És többé nem létezik teher, amit hordok,
tegnap született a holnap álmából.

GW

messze járok, sírhant alatt hálok
nem élek, bár álmodom, a bomlás lett ágyasom
hajnali harmat cseppje csillan rothadt avaron
a föld beszívva azt, engem táplál gazdagon
tölgyfák gyökere fejemnek támasza
férgek éhe testemnek vigasza!

a bomlás, mely egykor megölt ostobán
ma életben tart, s nevetek csupán!

holt lelkek sóhaja lelkem óhaja
mint eltitkolt, gonosz irodalom
ez maradt nékem csupán: e kozmikus birodalom!

nem élek, de álmodom
a Halál kaszával őrködik síromon
lelkem kihunyt csillag odalenn
sötét verem lakhelyem
hol a napfény színtelen
végtelen alagút a mélybe: itt élem napjaim
a rothadás ősi fészke, lávacseppek egem napjai

...de ma elhoztam néktek a tudást, mely a sírból fogant
férgek ura jött el hintáján: tűzzel hajtott ördögfogat
jutalmatok, mit magammal hozék e napon
a holtaké volt, s most az élőknek adom:

lelkem csepp volt egykor a rothadt sár tengerében
bomlott testem hevert Földanya tenyerében
ám álmomból felkélve most hatalmam a tudás
sírból fogant, átadom nektek: íme az elmúlás!

24

Remény

Talán, talán, talán.
Felmászok a talán falán,
S a szív dobog, dobog, dobog,
Miközben a hegytetőn egy vonat elrobog,
S megáll, mikor a kalauz kikiált:
Gyere velem, te lány,
Gyere, és légy boldog a siker vonatán.
Válaszom ez: talán, talán, talán,
Veled megyek ma már,
Mert érzem, hogy valaki a célban vár,
S mellettem lesz ezután,
Míg a világ áll, míg áll.
Talán, talán, talán,
Értem szól a zene ma már, ma már,
S minden egyes harang engem ünnepel,
S a Nap végre értem kel fel.
Talán, talán, talán,
Talán a győzelem vár a célban ma rám.

Jártál-e már rémes, sötét múltban, ahol elveszett egy kincs?
Vágytál-e már fényes, dicső jövőbe, ami neked nincs?
Hagytak-e már el azért, mert hűséges vagy?
Untak-e már rád azért, mert szellemes vagy?
Tudtad-e, hogy nem csak a szeretet vak?
Gyűlöltek-e azért, mert szerelmes vagy?

Szégyelltek-e sikeredért a téged nemző ősök?
Vették-e már jóságodért a véred gőgös bűnösök?
Miért hajtják rabigába, ha túl szabad egy vándorlegény?
Loptak-e már meg azért, mert hontalan vagy, s túl szegény?
Állították-e közben, hogy senki vagy, semmid nincs?
Éltek aztán belőled olyan vígan, hogy határa sincs?
Valóban semmi lenne hát az a tőled lopott kincs?

Sírtál-e már sötétben, ha baráti kör kinevetett?
Voltál-e már tömegben, barátok közt számkivetett?
Jártál-e a helyen, ahol mindez megesett énvelem?
Jártál-e a pokolban, melyet úgy nevezek: „életem"?

Pokoli alagút, mély kút, kiáltástól zengnek kamrái
Hosszú még az út az áldásos fénytől a fekete aljáig
Sötét, ősi bércek ormainál menetel a hontalan
Örvénylő lidércek sorain át török utat minduntalan
Poros cipőm roncsainál vércsepp hullik kéntől sárga kövekre
Kormos idők romjainál kényúr lövet téltől sápadt tömegre

Koponya roppan talpam alatt, itt sokan éltek s haltak
Nem hagyok én e világba örököst, ki hazugságtól gazdag
Egyedül járja útját az, aki nem követ s nem bánt senkit,
Őt mégis követik, s vetnek rá követ, mert nem kért semmit

Hosszú az út, egyszer mégis kegyesen véget ér
Felcsap még onnan tűz, ahol a jeges sötétség él
Láttál-e már prófétát hitetlen bolondok mezején járni?
Láttál-e már tűzmadarat fekete tengerek felett szállni?
Láttál-e már bukott embert feltámadva vízen járni?
Vetnél-e rá követ, hogy láthasd vízként fodrozódni?

Odalent, ahol a méhkas dong a sötét éjben,
Szívem holt, ágas-bogas erdejében,
Valaki vár, valaki szeret,
Valaki él, valaki nevet,
Valaki fél, valami fáj:
Az élet fáj, mert árnyékát már nem veté rám az élet fája.
Pokol szája, szelek szárnya, rózsák tövise, szívek vágya,
Szavak tövise, rózsák vére, tüskék bokra, lelkem pokla,
Szívem vágya, ajkam vére, tüskés korona, angyalok szárnya,
Valaki vár, valaki szeret,
Én senki vagyok, de vakon szeretek.
Nem várok, mert nincs mit, szeretek, de nincs kit.
Valaki él, valaki nevet,
De nem én, mert így nem élhetek:
Szegény vagyok, nincstelen, a remény volt a mindenem.
Valaki fél, valami fáj,
Én félek, s az élet fáj:
Mert kiszáradt kertemben az élet fája,
Korhadt csonkján, görcsök között a remény halt meg utoljára.

(Eredeti címe: „A remény hal meg utoljára". Megjelent Gabriel Wolf
„Mit üzen sír?" című horrorregényében 2018-ban.)

Szeptemberben

Szeptember elején szemlélem szerte
a tájat, s az ereszt, mely őszi esőverte
piszkos pettyeket hordoz önmagán,
mióta úgy tudja: világ a világ.
S keresem ajkadat hajnali fényben,
keresem testedet a takaró messzeségben,
keresem lelkedet lelkem rejtekében,
hová rejtetted kincseid az éjben?

Elrejtetted lelked rezzenéseit vöröslő
avarban, s kérdem én, mit szerettem: hová tűnt?
Nélküled elvesztem, hiába keresem
boldogságomat, meg nem lelhetem.
De tudom, hogy találkozunk majd,
átölel engem majd két erős kar,
s békére lelhetek magányban vagy veled,
boldogságod a szeptemberi napfényben leled.

Tovaszaladtak a napok, melyek a nyaram
apró alkotóelemei voltak, az idő így rohan.
S a könnyeden hulló ékes levelekben
ezüstös szavaidat ősszel meglelhettem.
Királyi fenség, rétori szózat volt minden
lexéma, melyet ajkad tollad által hintett.
S keresem lelked a szürke betontengerben,
hátha meglelhetem, mint egyszer: szeptemberben.

szeptemberi árnyak, szeptemberi bánat
hová visz a bú, mely sötétre színezi a tájat?
szeptemberi szárnyak, holt-tengeri járat
hová visz a hajó, mely sötét tengereket ketté vágva
viszi-vontatja a fájdalmat, alkonyi csendben kürtje harsan
kettéhasítja lelkem, bántalmaz, dobhártyámon táncot járva
merengve-dohogva, mint kazánban a tűz, lángja lobban
kietlen tájon, mint oltáron a szűz, sikolya csobban a porban
egy tengerben, melyet a semmi alkot, csak úszunk rajta titokban
hogy senki se lássa, amint üresség ölel körül minket a piszokban
a csillogó érték, a szerény mérték valahol elúszott egy viharban
szelek tépték, mennydörgés rázta, eső szúrta-vágta, áztatta
talán elfogyott, elfonnyadt, lehullott, szétmállott az avarban
pokoli paripák húzták-vontatták, tiportak rajta több évszázada
egy napon mégis felkél, s leporolja magát az elkopott elnyomott
a rothadó érték megcsillan odalent az avarban
feléled, kibújik, s gyöngyként gurul elő kacagva
van ott még élet, hol csak a halál nevet
ne feledd, hogy ki voltál, s mi a neved
akkor sem, ha talán…
néha mindannyian lehullunk szeptemberben

(Eredeti címe: „Szeptemberben". Megjelent Gabriel Wolf „Robot / ember" című kisregényében, az Arte Tenebrarum Könyvkiadó „Robot/ember" című sci-fi antológiájában 2018-ban.)

Gyilkos

Gyere csak közelebb!
Késedről bár vér csepeg,
én mégis olyan vonzónak
talállak tégedet.

Hogy nem rémít-e,
míg fogad véres,
nyers húst tép-e?
Nézd, nem a szívemet.

Az élet rendje, hogy
valaki meghal valakiért,
míg valakinek a szíve
dobog, ha másé nem.

Ilyen a szerelem is:
élsz is meg nem is,
ölsz is meg nem is,
ez bizony lételem.

S ha a szeretőm egy gyilkos,
attól én még létezem.

elárvult világ, kopár táj, fakó-ritka árvalányhaj
emberfejet rejt a kosár, bakó végzett ártatlannal
hazája alkony s mocsár, az alávaló féli a hajnalt
sötétben teszi a dolgát, meleg vért itat a talajjal
féli a révész, a molnár, bűntelenből is lehet hulla
lepi a légy, eszi a bogár, vérszag száll a viharral

kiszáradt talaj, vértől mocskos kövezet
pokoli moraj, édes dögszagot ontó övezet
elfajzott kacaj, lélekrontó képzelet
beteg, bűnös kocsmazaj, ünneprontó élvezet

a hírhedt lebuj pincéjében aszalódnak a testek
ahol a nyüvek hemzsegnek, soha senkit nem keresnek
halálsikolyok zengésében érnek véget nála az estek
a Kaszás ő, kinek lelkében fekete tüskék merednek

34

Angyal

Bánom is én, hogy a menny kitaszított
Jobb neked itt, ha nem lelted békéd ott
Karjaimban nyugodhatsz szerelmesen
Nem kell ide égi áldás s szerencse sem

Karom örökké óvni fog téged
Bú és bánat nem érhet el, ígérem
Együtt fogunk az öröklétbe vonulni
Sós tenger partján a végtelen vállára borulni

Nézd, angyal szerelmem, milyen szép az ég
Ahogy a szíved dobban, úgy minden csillag táncra lép
Téged ünnepelnek ezen a szép napon
Nyugodj meg, lelked visszafogadják majd egy hajnalon

De most velem maradj. Ajándékul küldött az ég
Megsárgult szerelmem régi fényképen új életre kél
Te hoztál az életembe új szenvedélyt
Így dobog szíved szívemért, szívem szívedért

nincs hazám, mert nem lakik az sehol, aki nem is él
nincs életem, nem is volt, értem ne tartsanak misét
hajnalban fogantam, vesztesnek születtem, köddé váltam
már életemben elkárhoztam, nem szerettek, csak elástak

senkiként haltam, egyedül maradtam, de felemel az ég
angyal szárnya rebben vihart kavarva, közeleg a vég
oszlik már a köd, védőszent izzó pallosa szeli ketté
még ha hangtalan el is múltam, nem válok kegyvesztetté
nem lesz hasztalan a múltam, sem életem, sem holtam
földbársonyba bújtam, nincs már éhem, sem szomjam
sem fájdalmam, ami erőszakkal tart ébren éjjel
sem reményem, ami felé nyúlnék az égre nézve

nem élek, mert nincs hazám, odalent már dohog a kazán
megmentőm félve szólítanám, de az felfedé valódi arcát:
az angyal kivonja kardját, lesújt rám annyiszor, ahány
csillag van az égen, virág a réten, ördög a mélyben
pokoli pengéje vágja erem, ontja vérem, hiába is kérem

holt vagyok, de álmodom, néma vagyok, mégis kiáltozom
vak vagyok, de a jövőt látom, anyagi létem átváltozott
bolond vagyok, de mindentudó, kinek lelke elkárhozott
örökkévaló, mint egy mindenható nincstelen kiátkozott

Múzsa

Micsoda csók!
Csókja kincset ér.
Ezernyi bók.
Jutalom az életért.

„Sose látott" nő!
Keblemre ölelem.
Varázserő...
Otthont kap a szívemben.

Kávét kortyolgatva...
hajnal van, fázom.
Ihletet áhítva
csak rá vágyom.

Micsoda csók!
Érzem, kicsiny szellő.
Telnek a lapok,
tiszta, új jövendő.

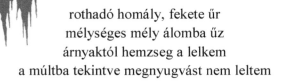

rothadó homály, fekete űr
mélységes mély álomba űz
árnyaktól hemzseg a lelkem
a múltba tekintve megnyugvást nem leltem

éjféli virág, fekete szűz
felperzselő alkonyi tűz
angyali démon a lelke
megtaláltam égi jelet követve

megigézve elvérzek
az öröm oltárán
áhítattal átlépek
az őrület határán

megnyílik az égbolt
asztrális hatalmam láttán
megszólít a Hold:
„Lunáris erőm tiéd ezután!"

felidézve múltat, már létezik jövő
keringésbe visszatér az éltető erő
a fagyott Nap kihűlve zúdul le
egy megújult valóság tárul fel

így lesz világtalannak világa
ez lesz végtelennek vége
szerelmünk otthona új lét kora
a halál sem szakíthat el tőled, Nola!

(Eredeti címe: „Nola". Megjelent Gabriel Wolf „Kellünk a
sötétségnek" című horrorregényében 2017-ben.)

Fátyol

Nem szemfedő! – fátyol.
Ne lépj tőlem távol.
Lehelj csókot ajkamra,
ne hagyj többet magamra.

Öltést öltés követ – itt egy virág,
menyegzőre készül, boldog a lány.
Madár száll a tulipánfára,
galamb, csőrében olajág.
Áldott lesz a menyecske álma –
nézd, mily boldog, boldog a lány!

Öltést öltés követ – készül a minta,
elröpít meg visszahoz az álomhinta.
Lassan kész a kelme – kincset fog érni,
s ha fonott hajra kerül?
Tessék csak nézni!
A lány asszonyi álomba szenderül.

Nem szemfedő! – fátyol.
Lehelj csókot ajkamra.
Ne lépj tőlem távol,
ne hagyj többet magamra.

Megnyílva sóhajt fel a megfáradt föld, s megremeg
Felkap a szél egy megkopott fátylat, életünk alkonya s Nibiru közeleg
Merengve állnak a tétova árnyak távolba meredve, zokogva
Reményük kiszáradt fátylát viszi a vihar zörögve, kopogva

Nyílnak az égnek s földnek öröknek hitt gátjai
Tovatűnik fény, hit s embernek esztelen vágyai
Eláraszt mindent a félelem fekete, haragos tengere
Könnycsepp csillan szemedben, de rád nézek nevetve:

„Meglásd, virrad még fel új nap!
Nemcsak halál, de csoda is történhet újra
Történt ez már nem egyszer
Éltünk s haltunk ezerszer
Így lesz égnek kéke, földnek melege
Napnak fénye, világnak vége
Egy dolog marad, mi nem halandó:
Szerelmem irántad, mely örökkévaló.”

Felém fordulsz, s már te is nevetsz
Egyből tudom, hogy még mindig szeretsz
Van, mi azért jő el újra, mert nem érhet véget
Hisz túl szép ahhoz, hogy igaz legyen
Túl szép ahhoz, hogy vége legyen

(Eredeti címe: „Nola fátyla”. Megjelent Gabriel Wolf „A feledés
fátyla” című horrorregényében 2018-ban.)

Idő

A percmutató megcsókolja az óráét,
majd tovább áll.
Hova siet az idő?
Nem tudom, de futok utána.
Szaladok egy olyan vonat után,
amely robog, meg nem áll.

Úgy élj, hogy életre emlékezhess vissza.
Úgy élj, hogy ne legyen hiába.
Csupa klisé, amelyeket azért mégis ismételgetek.
Segítenek a mindennapokban.
Segítenek a túlélésben.
Fogják a kezem, miközben élek.

Mosolyogva megyek szembe
a világgal.
Úgy jó, ha az ember mosolyogni
soha nem átall.
Ne legyél rest nevetni a jövőbe bele,
még ha meg is érint a bánat szele,
nevess, hogy boldognak lásson
barát s ellenség,
télen s nyáron.

Galádul szalad az idő, meg nem áll.
A percmutató megcsókolja az óráét,
majd tovább áll.
Hova siet az idő,
e végtelen folyam?
Nem tudom, de mit megélek,
az emlék, az élmény:
enyém marad.

ha velem vagy, nem telik az idő, sors minket nem ver
ha váram vagy, nem támad az erdő s a vad, mert nem mer
együtt nem fog rajtunk idő vasfoga, korosabbá nem tesz
nem árt nekünk fegyver, hisz nem öl meg, mi erősebbé tesz

nem a mennyország az örökkévaló, hanem a szerelem
nem halandó vagy múlandó: uralkodik kortalan tereken
néha legyengül, kihűl vagy megkopik, mégis halhatatlan
a szerelem tornya nem dől le, mert megingathatatlan
a szerelmes szív sosem áll meg, mert célja van:
élni és szeretni, sírni és nevetni, bajban együtt lenni
félni, de nevetni, sírni, de szeretni, s boldogan meghalni
sötétben és fényben, kéz a kézben, távoli messzeségben
csillagok közt ülni az égen, odafenn a göncölszekéren

a magányos ember korán hal, mert üres élete célját veszti
az igaz társ párját csókjával örök halálból is felébreszti
mert a szeretet nem kér, csak ad, nem támad, nem vad
fiatalít s életre kelt, sosem hagy el, életben tart
körforgás is lehet a halál, melyből ismét élet sarjad
körforgás a Föld is, sosem áll meg, életet szül és ad
két fele van a világnak: egy sötét és egy fényes
két fele van a léleknek is, ettől olyan értékes
ha véletlen folytán találkoznak, önként eggyé válnak
együtt forrnak, napként izzanak, többé el nem válnak

Tükör

MK

Úgy mozdul, ahogy én,
mégsem én vagyok.
Az én hajam halovány,
az övé valósággal ragyog.

Rajtam fénytelen, kék ruha,
az övén aranycsillagokat
rajzol a csillámolva
megtörő hajnali fény.

Kezem a magasba emelem,
ő pedig bizonytalan,
de azért visszaint, és érzem,
hogy nem vagyok magam.

Ő hercegnő, én koldus,
de nincsen semmi baj.
Most mindenki boldog,
s egyszer találkozunk majd.

Addig is intek neki néha,
s ő visszaköszön,
a sorsom is szép ma,
s ezt megköszönöm.

Bennem ég a tűz
Dimenziók kulcsa már az enyém
Bebocsátást nyertem
A tükör mögé

Mikor átléptem a falat
Átváltoztam valamivé
Mi nem ember s nem állat
Egy teremtménnyé, mely nem Istené

Nincs ki uralkodjon felettem
Enyém már minden tudás
Meghaltam, mielőtt megszülettem
Ott állok, hol senki más

Úttalan utakon járok
Messzi vizek felett szállok
Csillagok közt gyalog járok
Mindenek felett állok

Ott vagyok, hol
Élő nem halhat
Holt nem járhat
Éber nem alhat
S alvót nem ébreszt fel a virradat

Itt vagyok hát, de valami más
Valami történt, ez nem vitás
Nem ebben hittem, nem ezt akartam
Túlléptem a határt

Született belőlem valami
Mit már nem lehet irányítani
Nem én alkottam, de mégis érez
Belőlem fogant, s tudatára ébredt
Mi több mint ember s több mint állat
Megöl engem, megfizetem az árat

Egy teremtmény, mely csak az enyém
De ellenem fordult, nincs már több remény
Együtt születtünk, együtt múlunk el
Megöl engem, de velem pusztul el

Én vagyok a tudás, ő az őrület
Én vagyok az ismeret, s ő a gyűlölet

Én törtem utat a tükör mögé
Mely sosem létezett
Saját elmém csapdájába estem
Ez már az őrület

Hol a tudás már önmagából fogan
Ott leszek én, várva terád
A tükör mögött lesben állva
Vadászni fogok rád

Anyagi létem elpusztult
Elmém más létsíkon trónol már
Uralkodik, csillagok közt utazik
Élet bennem nem honol már

Hol a tudás már önmagából fogan
Ott leszek én várva terád
A tükör mögött lesben állva
Vadászni fogok rád

(Eredeti címe: „A tükör mögött". Megjelent Gabriel Wolf „Finnugor -
Black Flames" című lemezén 2002-ben. E vers alapján Írta Nemes
István/John Caldwell a „Fekete Lángok" című fantasy regényét.)

Naplemente

Kisétálok a csillámló partra –
sós tenger mossa lábamat.
Apró rák tipeg ujjam mellé,
néz, csak néz, de nem mar, nem harap.
Üres kagylóhéjakat mos a tenger,
szedek az apró kincsekből.
A rák, ahogy én is, menne már, menne –
de valami mégis itt tart, ide köt.

Kisétálok a csillámló partra –
tekintetem kutatón előremered.
A szívem még dobog, valami hajtja,
de magam sem tudom, mit keresek.
Sikert már nem áhítok, nyugalom kell, béke,
a kicsiny rák a homokba ássa magát.
Nem mondhatod, hogy máris vége,
majd holnap valami megtalál.

Kisétálok a csillámló partra –
mindig van holnap, úgy hiszem.
Könnyes szemem pillant a lemenő napra,
ha van boldogság, itt és most megveszem.
Mindegy, hogy mi az ára!
Aranypénz? Kagyló? Lehet a hangom is!
A nyomorúságból elég volt mára:
csak most ne vesszen el a hit.

farkasok hada, álomfergeteg
éled az erő, hatalmam rengeteg

szenderedj el örökre
átkos földbe temetve
engedelmeskedve
hívó szónak, mikor a lángok dalolnak

suttog a fény, ha kiáltok
terjed a setét, ha csendben állok

napom a Hold
nem hagy nyugodni
véremet űzé
szemem a szikra
mely nem tud kihunyni
lelkem a holt erdei tűzé

erdei tó holdfénynek otthona
örvénylik benne lelkemnek pora
ég a vérem, tűz rikolt, ha kérem
kárhozatnak kelte: vérlemente

Nyugalom

Nyugalom. Béke. Beethoven. Mozart.
Te átölelsz, én hozzád bújok. Én jövök, te vársz rám.
Puszi. Csók. Ölelés. Némaság.
Szeretet. Boldogság, bolondság. Ki nem mondott vágy.

Te félsz. Alig érsz hozzám.
Én a szemedbe nézek. Érints meg. Nem fáj.
Az este jön. Én várok.
Te búcsúzol. Mondod, ne féljek. Elfog az álmodás.

Te búcsúzol. Én ölellek.
Te majd vársz rám. Én jövök és szeretlek.
Te hallgatsz. Én mesélek.
És mégse mondom ki, hogy mennyire…

Mindegy is. Kérdezed. Milyen napom volt?
Én mesélek. És csodálom, hogy lelked a csenden keresztül
hozzám szól.

sírok s romok között zokog árván a Halál
sikoltva nevet temető körül járván a sakál
mert bevégeztetett a létnek, a nyugodt vidéknek
a szerető szívnek, a hívó szónak
az ölelő karnak, a forró csóknak
ravasz varjak karma mar majd lyukat a hasba
s ócskás rozsdás kocsiján tolja a rontást

beteg elme pezseg, szenved a nyomornegyed
reszketeg fényetek elnyelem, kár ide belépnetek
mert bevégeztetett a létnek, a nyugodt vidéknek
meneküljön hívő s eretnek, amikor a bukott felébred

nincs többé nyugalom, csak a kín, a borzalom
egyre több sírkő nyugszik völgyemben s dombomon
csak a fekély, a siralom, elfogyott az irgalom
meneküljön hívő s eretnek, közeleg egy uralom
mely elhozza a sötétet, bosszút és halált az utakon
mert a bukott felébredt, s elfogyott a nyugalom

Odú

MK

Nem odva fának,
De közepe világnak.
Nem magas fal,
De rejtek.
E domb mögé
Szívet rejtek.
E domb, miről hittük,
Csak a miénk,
Emléket őriz,
S szívet.
Szíved.
Szívem.
Szívek.

Nem odva fának,
De közepe hazámnak.
Nem magas fal,
De rejtek.
E halom mögé
Álmokat rejtek.
E halom, miről hittük,
Csak a miénk,
Álmokat őriz,
S szívet.
Szíved.
Szívem.
Szívek.

Nem odva fának,
De odva lelkemnek.
Nem betonfal,
De rejtek.
E földdarab mögé
Kincseket rejtek.
E földdarab, miről hittük,
Csak a miénk,
Kincseket őriz,
S lelket.
Lelked.
Lelkem.
Lelkek.

58

Ez ódúba majd visszatérek.
S így tér vissza szívembe az élet.
E domb mögött majd megtalállak,
S akkor már nem bánom:
Ha kell, legyen vége a világnak.

az odúból kilépve mások a színek
magas a fű, ahol a rovarok élnek
keskeny ösvények titkos sora
gyomok labirintusa vezet oda

egy odú, melynek nincs fedele s fala
mégsem fúj szél vagy esik benne eső soha
ahol megszűnik a kétely s a fájdalom
boldogan, kortalanul fekszel a hátadon
mert megáll ott számodra az idő és az élet
a halálnak sincs ott hatalma feletted
ott Isten sincs, kinek haragját félned kéne
mert a rejtett odút te magad teremtetted

egy hely, ahol vége van a szenvedésnek
mert kegyesebb, új ura van a teremtésnek
ahol senki sem talál rád, mert nem látni oda
térképen sincs rajta, földmérő sem jut be oda
ahol önmagad lehetsz, mert nincs törvény
amint belépsz, elveszel ott, elragad egy örvény:
a mámoré, szunnyadó, titkolt erőké
a káoszé, kimondható, tiltott szavaké

egy hely, ahol van kibe kapaszkodni
együtt szoktatok érkezni és elmenni
mert ő mindig ott van veled, s szeret
létezik ő, vagy csak a tudatod hasadt meg?

nem tűnik valós személynek, mert túl varázsos
mindig veled van a helyen, mely oly magányos
nem létezhet, mert ő tényleg szeret
egyek vagytok, ő a másik feled

az odúból kilépve mások a fények
magas a fű, ahol a rovarok élnek
ott nem magas már, ahol vigyázva letapostad
rovarok vigyáznak rád, mert őket nem bántottad
néha emberek közelednek, s tűnnek tova
de sosem vesznek észre, senki sem néz oda
nem látnak azzal, aki tényleg szeret
egyedül vagytok, egyek vagytok, ő a másik feled

Madár

Gyere ide, te boldogság kék madara,
szárnyadat terítsd le a földre,
mint napsugár borul a zöld mezőre.
Zendüljön szádból örömóda hangja.

Békesség, bőség, boldogság, áldás.
A nép szájából felhangzik az ének,
örülök, hogy létezel, örülök, hogy élek.
Nem hallik többé fájdalmas kiáltás.

Kék madár, trilláid betöltik a teret,
embernek ember nem farkasa többé,
vártuk, hogy hozzánk eljöjjél.
Ma már mindenkit mindenki szeret.

Boldogság madara, tárd ki szárnyadat,
nyisd ki a bezárult emberi szíveket,
hogy áradjon végre a békítő szeretet,
s hogy bánat ne legyen: űzd el az öldöklő hadakat.

Boldogság madara, most, hogy velünk vagy,
leszáll minden házra a kedves békesség,
az utcagyermek is énekel, lába táncra lép,
s egységesen süt mindenkire az égből a nap.

Maradj velünk, tovább sose állj.
Van búza, magvak, víz és élet,
cserébe mindent odaadok néked.
Boldogság madara, házamra szállj.

Láncra verve dermed a kacaj
ittlétem óta kietlen e talaj
ábrázatom fagyott rikoltás
ez hát a lelkem: aszott pusztulás

Éhező szakadék szélén állva
sóhajtó fellegek ajkai tárva
kiszáradt immár a remények tava
legyen ez hát a keselyűk hava!

Összezúzva a hegyoldalt
zúdulok alá mint hullócsillag
magam alá temetvén napot s holdat
enyészet ölén lelem a vigaszt

Ez volt hát a keselyűk hava
magasra nőtt az árnyak fala
fekete madárnak első szava
kezdetét vette a sötétség kora

Ara

Micsoda fény és mennyi virág,
esküvőre díszítik már az arát.
Ruhája hófehér, hímzett mintákkal,
kezében csokor, álomszép virággal.

Sok koszorúslány sürög körülötte,
minden erejét a sok lány összeszedte.
Legjobb tudásuk szerint varázsolják széppé,
a menyasszonyt őszinte és mágikus életté.

Rózsaszín rózsa vegyül mindenbe,
az lett a díszítések egyik fő eleme.
Egyszerűség, szépség, amit sugároz,
a vendégek lelkébe költözik az álom.

Férjhez adják a lányt, nagy nap a mai,
mindenhonnan vidám taktusokat hallani.
Nem is sejteni, zene vagy a szív dobogja-e,
egy a biztos: ez a legőszintébb mese.

örvények útja, feledésnek kútja
lidérc hangja cseng
törvények ura, illúziók lordja
kísértet alakja dereng
holtában merengve áll
vérködben lengve tovaszáll

lefejezett ara, kígyónak sarja
saját vérét ontva, földbársonyba bújva
sikoltva nyugszik, némán pusztít
férgek sírnak, mikor ura után vonyít
holtában remegve vár
vérködben lengve tovaszáll

illúziók lordja eltemetett trónján
uralkodik lefejezett arájával jobbján
csillagok közt járván, ők időnek őrei
bomlásuk nászán univerzum ősei

kik a múltat felfedék
a halált megveték
a magvat elveték
a fényt elvevék

fenevadnak gyomra ez
sötétség ólja lesz
emésztő veremben
írva vagyon ez

Erdő

Boldogan vetem karjaidba magam,
Ágas-bogas erdő: jó szerető vagy.
Ha szomorú lenne szívem, vigasztalsz,
Eljössz értem ibolyaillat alkonnyal.

Boldogan vetem karjaidba magam.
Más már nem ölel: fújjon hát szeled, hulljon rám havad.
De vigasztalj, kérlek, apró kincseiddel,
Meghálálom lassuló szívverésemmel.

Boldogan vetem karjaidba magam,
Tisztásodon fenyvesillat áldása a vigasz.
Őzed nedves orra érinti a kezem,
S érzem, ahogy újra dobban reszkető...

Nézd, belevetem karjaidba magam.
Ágas-bogas erdő: nem ölelsz átal?
Kérlek, te szeress, ha máshol magány várna,
S én hű szeretőd leszek, ha kéred, már ma.

rothadt avar repedve szikkad
sötét hajnal nevetve virrad
gyere el értem a téboly szélén
várok rád az erdő mélyén

eggyé válunk kárhozat ölén
menny és pokol menyegzőjén
hite nincs papja vagyok
a végítélet napjainak
neve nincs rabja vagyok
ezer élet darabjainak

fekete madár vijjogva közeleg
zsíros tolla csillogva megremeg
feneketlen odú, átkos rengeteg
végtelen korú gyomra felreped:
megnyílik, korog, éhezve vár
óhajt, mint egy elfeledett vár
melynek kopott romja porfelleget
sóhajt, ahogy a madár reászáll

sötét csillag kormol fekete világ egén
tintafelleg fodrot borzol a valóság peremén
gyere el értem a téboly szélén
várok rád az erdő mélyén

száraz víz, nedves tűz, reped a hasáb
hasad a tudat, vérzik a nyáj, kopog a faláb
fénylő éj, gonosz tűz, felcsap egy nyaláb
szikra pattan, harag lobban, éled a fabáb
gyere el remegve a téboly szélén
vesszünk el örökre az erdő mélyén

(Eredeti címe: „Az erdő mélyén". Megjelent Rob Flow (Gabriel Wolf)
„Az erdő mélyén" című novellájában, az Arte Tenebrarum Könyvkiadó
„Az erdő mélyén" című horrorantológiájában 2019-ben.)

Csillagkép

MK

Nyomorult kukák szaga helyett
Mély tengernek sós illata kúszik orromba
Feltekintek a magas égre, s eszembe ötlik
Az a sok csillag, ahogy egymást ölelik

Engem öleltek...

Keblükre öleltek a csillagképek,
Ringató víz, biztonságot nyújtó tenger,
S fent csuprot ölelt a bocs meg a medve
El nem engedve, szeretve, szeretve

S én öleltem...

A göncölszekér, mintha fonál kötötte volna össze
Sorsomra fonódó édesanya szőtte
Micsoda lenvászon! Sorsom írva vagyon
A magas égben – s alakul, ha hagyom

Engem ölelj!

Könyörgök a csillagoknak a szeretetért – s megkapom
Micsoda álmok, melyek valósággá válnak, ha hagyom
Egy örök édesanya ringató ölében, ki éji dalt dúdol
S érzem, ahogy a karjaidba húzol...

Engem ölelsz.

hajnal kürtje, angyal fürtje
örökkévalóság, egy szempár
mely óvón, nevetve figyel odafentről
hamis valóság, ördögi vigyorgás
kiszáradt kóró recsegve liheg odalentről

megrepedt szívem sikoltva zakatol
elveszett lelkem pusztában barangol
sötét sivatag, forró éj, bundában csatangol
a rém, aki én vagyok: a farkas, aki csahol
az él, ami vág és pusztít, a vad, aki él és buzdít
a láng, ami éget, de nem öl
az öl, ami éget, de nem láng
mert szeretet lakik benne:
a szabadságé, mámorító üdvös perceké
a vadaké, pusztákban barangoló holt lelkeké
szenteké, mennybéli pirkadat első harmatáé
szívemé, mellkasom kettéhasadt kazánjáé

kormos világ odalent, harang szól a veremben
karmos virág nem ereszt, harag forr a véremben
mert vadság lakik benne:
ördögök hadáé, vérgőzös, ősi korok hajnaláé
gőgös angyalok rebbenő szárnyáé, izzó kardjuké
egy másik világé, melyben együtt voltunk
egyek voltunk, s együtt leszünk, együtt halunk
benned élek, benned vagyok, ez a mi vigaszunk
egyedül és meghasadva, mint ikrek az anyaméhben
veled élek, veled vagyok, ez lesz fénylő tavaszunk:
egy csillagkép a forró mélyben, a világűr sötétjében

(Eredeti címe: „A Hydra éneke". Megjelent Gabriel Wolf „A
halhatatlanság hullámhosszán" című sci-fi regényében 2019-ben.)

73

Gyémánt

Térd, amely a földet érinti,
derék, mely a porig hajol,
hogy egy szeretett nőnek
mosolyt csaljon arcára.

Egy aprócska ékkő, amely
csillogva szemet huny
miközben a napfény
tündökölve végigsimít

csúcsán a világnak, mely
boldogságból van kirakva.

Mély űr, asztrális sötét álmok
Áthozott tudás, mely gyökeret vert e kopár talajon
Úttalan utakon át a múltban sötét árkok
Nincs élő, ki emlékezne már, csak a holtak, kik ott voltak e napon

Elfeledett idők szirma néha lehull, tovaszáll a szélben
Elfeledett holt lelkek csillagfénye néha felvillan élők szemében

Mély kút, messzi alagút
Szemem szikrát szórva rebben az égre
Csillagokra, hol lábam már egyszer megvetém
Csodálok s csodát látok a múltnak magvaiban, melyet egykor elveték

Tettem csodát közelgő múltban, régmúlt jövőben
Oly távol, hol a csillagok fénye már végleg kihunyt
Korom az ősöké, nincs tér, lelkem illúzió: univerzum őre
Egyek voltunk a fénnyel, de már a feledés álma testembe bújt...

Hol a távol, ott a közel énnekem
Sírom zubog, forr, míg odalentről szól énekem

Korok hajnala, ősi kultúra, melynek alkotója voltam én
Ma már tovatűnt csoda... korommá válok, egyszer minden elég...
Forr a kút, testem emléke nappá olvad: ékkő ez, nem más
Távol már a múlt, álmaimat őrzi e gyémánt: egy letűnt úr birodalmát

Haza

Hargita tetején növő fák az égig tudnak érni,
Édes-kedves fecskemadár, repülj haza énrólam regélni.
Szállj haza a kisfalumba, mondd, mi lett fiukból,
Meddig jutott, mivé lett könnyből, porból, jó sorsból.

Mondd el az én testvéremnek, mindjárt hazatérek,
Édesanyám csakis örömkönnyet hullajthat el értem.
Taps kíséri életemet, öröm és vigasság,
De ha az éjjel a függöny is lehull, az imám hazáig száll.

Mikor a fák alatt járok, sétámat otthon teszem,
Gyönyörű, szép Erdélyország, hazatér a szívem.
Elszáll minden bú és bánat zaklatott szívemről,
Üde illat ér el hozzám messzi fenyvesekből.

Mindig-mindig visszatérek, nem akadályoz semmi,
Ha a szívem nehézzé lesz, haza kell majd menni.
Addig is élek, teszem, mit a sors rám szabott,
De szívembe idézem, szülőföldem, az édes dallamod.

nincs nekem hazám, sem szerető szülőanyám
csak a Halál, mely őrködik életem alkonyán
nincs helyem e világon, nem nemzett engem senki
nincs szerelmetes virágom, ki bánatomat körüllengi
bájával gyengéden, rajongással nevemet zengi
halkan odalépve könnyes arcom kezébe temeti

nincs nekem hazám, sem apám, ki büszke lenne rám
csak a Halál, mely nevet rajtam életem alkonyán
sosem éltem igazán, mert nem nemzett senki
szégyenfolt voltam, mert sosem vállalt senki
aki szeretettel gondolt rám, vagy ölelésem kéri
lágyan odalépve ajka csókjával könnyeim letörli

nincs nekem hazám, sem hitem itt a bitófán
csak a hóhér, ki kegyesen kísér életem alkonyán
sosem féltem igazán, mert a nemzet számára senki
az, kit magány árnya kínoz, mert nem várja haza senki
próbáltam én tenni, de nem lett volna mit
próbáltam én szeretni, de nem volt többé kit
térítettem voltam feszülettel, ha létezne az Isten
éltem volna becsülettel, ha mellettem vagy, kincsem

nincs többé semmim, csak életem, mi nem ér semmit
felakasztanak, s holtan lógva majd egy keselyű felnyit
kieszi odabentről lelkem, mert másom úgysincs
tán soha nem is volt, mert sosem vállalt senki
aki szeretettel gondolt rám, vagy ölelésem kéri
érted kockáztattam volna, ha merted volna kérni
érted megváltoztam volna, ha mertünk volna lépni
éltem volna érted, ha mertél volna félni
féltem volna érted, ha mertél volna élni

Vér

Nem köt össze biológiai kötelék.
Nem nemzett egy apa.
Nem szült egy anya.
Mégis a testvérem vagy.

Ereinkben más elemek száguldoznak
napra nap.
De szívünk egy ütemre dobban
Tam-tam, tam.

Erősebb a kötelék, mi összeköt.
Nincs köze apához.
Nincs köze anyához.
Te az ÉN testvérem vagy.

Szívünkben azonos élet lakik,
az éltet.
Nem is tudod elképzelni, mennyire szeretlek
én téged.

vér az arcon, vér az ölben
holt remény forr messzi ködben
vér a jégen s a homokban
jajgatás szól messzi viharban

merülj mélyre, sötét kékségbe
hagyj hátra mindent, ess kétségbe
odalent kénkő gőzén duruzsol a magány
vár reád szerelem, őrület és halál

észak felől eljött a büszkeség vége
alázkodj s hajolj meg a sötétben végre
a hatalom és téboly oszlopa tornyosul
fallikus szimbólum a végsőkig aljasul

élvezd, hogy vége, örülj, hogy vérzel
énekeld égve, hogy semmit sem érzel
fékezd a nyelved, örülj, hogy hallgatsz
beszélj róla, hogy bármitől meghalhatsz

feszítsd dagadó izmod férgektől viszketve
feszítsd ragacsos önmagad érdekből keresztre
ahol a holtak járnak, s az élet nyugszik
találkozzunk, ahol a vér az érben elalszik
alvad és olvad, üsd már át egy szöggel!
nézd, milyen hatást kelt: a fájdalom felöklel
felöklendez a pokol, mert annak sem kellesz
nekem viszont fogsz, ez mindig is így lesz

merülj mélyre, merülj belém
hagyj hátra mindent, feküdj le elém
odalent kénkő gőzén duruzsol a magány
vár reád szerelem, őrület és halál
ledob a menny, mert annak sem kellesz
nekem viszont fogsz, ez mindig is így lesz

Jövő

Előre a ragyogó új évbe!
Ne nézz máshova, csak előre
kacsints huncutul a jövőre,
ne kérdezz semmit, csak érj révbe!

Kérdezed tőlem, mi a boldogság?
Csillámló felhő, víg álmok,
az új év biz' ide áthoz,
madárdaltól zengő szép oltár.

Éjfélkor jósolt egy kedves asszony,
fákkal borított hegyet, palotát,
s amikor kérdeztem, mi vár rám,
mesélt egy emberről, s rajzolt egy arcot.

előtted volt, kezedben tartottad, de mint homokszemek
ujjaid közül megszöktek, homokóra nyakából leperegtek
ez volt számodra a szép jövő: múlandó, veszendő
egy rögös út, melyet balsors övez, s nem figyel Teremtő

jövőd a múltban gyökerezik, a jelenben virágzik
másoké talán, de a tiéd csak fonnyad és hanyatlik
előtted nincs fény az alagút mélyén, csak sötétség
nem vár megkönnyebbülés életed végén, csak üresség

amikor állsz a saját sírodnál, és elmondasz egy imát
elvesztegetett múltról, tönkrement jelenről
arról a jövőről, ami holtan hever előtted: a hibád
nincs kapaszkodód az élethez, lecsúszol a peremről

zuhansz a jövőből, mert nincs számodra kincs
a jelenből, mert hazugság volt, minden reményed holt
zuhansz a múltba, mert ott még volt egy kilincs:
lenyomtad, és szüleidhez szaladtál, anyád éppen dalolt

de ő már nem él, senki sem maradt, csak a pirkadat
ami magányosan köszönt reggel, helyettesítve barátaidat
velük volt szép a jövő: ma már múlandó és veszendő
egy rögös út, melyet balsors övez, s nem figyel Teremtő

Föld

Otthonod, míg élsz.
Vigyázol te rá?
Átölel, ha félsz,
dalol neked sok madár.

Bölcsőd, mely ringatott,
fája ad oxigént,
el soha nem hagyott,
de te bántod őt, mondd, miért?

Koporsód, ha halál lel,
tölgyéből készítik.
Ne hagyd így veszni el,
ha jövődet építi.

Ő ad, te elveszel,
nyíljon ki szemed!
A Föld otthonod, meglehet,
hol kedvesed öleled.

Megannyi kincs vesz körül,
csak nézz szét egy tisztáson.
Ezeknek mindenki örül,
hagyd, hogy a szíved lásson.

föld a tenyeremben, melyben férgek tekeregnek
ledől egy fal az elmémben, emlékek kergetnek
szikla áll a tóparton, barlang bejáratát rejti
mocskos bűnökét, enyésző holtak bűzét fedi

kés a kezemben, rászáradt már a vér
valami villan az égen: hullócsillag fénycsóvája
könny a szememben, nem enyhül az érzés
valami csillan a mélyben: lelkem utolsó szikrája

a barlangba lépve megrohan a nemvárt bűntudat
pusztítani kezdek, felgyújtom az idevezető hidat
szellemek támadnak nekem, elszívják az életem
amit egykor elvettem, most visszaveszik tőlem

omlik a szikla, dől a hegy:
szikla a földhöz feleségül megy
egybekelnek, összezúznak, testemből kiűznek
lelkem odafent lebeg, didereg a sötét űrben
halálért kiált, de nincsen hang a vákuumban
megváltást vár, ám nincs bocsánat a pokolban

Cirkusz

Eperízzel töltött, édes kis muffinokon
bohókás, vigyori bohóc mosolyog.
Megízlelem, és mint Madeleine-keksz
Proust regényében, felidézi emlékem.

Hátra tébláboltam, nem mehettem volna,
de gondolataim s szellemem vonzott oda.
Hátra, ahol cigiző bohócok ültek komótosan
a lakókocsi lépcsőjén, sóhajuk szállt lemondóan

a cigi füstjével tova, eregetett karikák –
hova mész, te lány, mit csinálsz?! –
kiáltott fel egyikük, aztán messze futottam,
a sátorba iramodva az előadás kezdetére

biz' én visszajutottam.

Micsoda színes tömeg! Felvonultak mind
az artisták, és csak káprázat volt megint.
A fellépő ruhák fénylettek, mint a nap,
soha nem volt gyerek még boldogabb,

mint akkor, ott a nézőtéren, akinek alkalma
akadt arra, hogy a díszes sereg vigasztalja.
Micsoda élmények… állatok, táncosok,
légtornászok, tűzzsonglőrök, s mind… magányosok.

Tudtam én már, hiszen láttam azt a cigiző bohócot,
ahogy mélyen beleszippant az élet keservébe,
de színpad előtt arrébb int egy fájdalomgócot,
s elmormogja százszor: senki nem köphet a levesébe.

És nézd csak: mindenki nevet.

méretes pengét fen a bohóc
kése mesélhetne titkokat
torkában az izgalomtól gombóc
önzése nem ismer határokat
falfehér arcán vastag festék
reped és hull, akár a vakolat
száján vörös rúzst kent szét
ami valójában alvadt vérmaszat

állatait hergeli a büszke idomár
a bestiák szeretik a friss vért
felolvas nekik egy ősi irományt
beszél s ért az állatok nyelvén

vértől mocskos, kopott ostorát
lengeti a porondmester otrombán
roppant vele csontot és csigolyát
elfojtja vele asszonyok sikolyát

óriáskígyó éhesen remegve tekereg
kiszorítani készül valakiből a lelket
a halálba ölel, s fogaival átszúr
szeretete a sírig tart, és azon is túl

eljön a társulat, sok lesz a temetés
kezdetét veszi a vég és a rettegés
terjedni kezd majd a halál kultusza
úgy hívják őket: a Hold cirkusza

Nap

Fogd meg kezemet,
szívem szíved fogadja.
Mennyei napfény.
***
Gyertya lángja emberár,
messze, messze, jársz,
szívem téged hazavár.
***
Nap süt le, melengetőn.
Erős kar ölel,
a Nap szerelmemnél lel.
***
Sugárnyaláb ablakom.
Felragyogott az
ég nagy uralkodója.
***
Boldogság a földön is,
szeretlek téged,
szívem tiéddel érez.
***
Mézes napsugár tegnap
ablakomra szállt.
Felhők nem gyülekeznek.
***
Álmomban kísért egy árny.
Napom vagy, édes,
elűzöd a Halált is.

néha a nap nyugaton kel, néha a vér feketén fest
denevérbarlang az elmémben, fáklya, olvadó viasztest
köldökzsinór köti kezem, mely ölésre emeli a kést
csecsemőkar csitít csendre, lágy ölelést remél

porlassz el, Napisten, égesd el a lelkem
érted izzok-lángolok nevetve az őrületben
néha a nap nyugaton kel a pokolban
néha a vér feketén fest a koromban

szúrós gyékényszőnyeg sebes testem fekhelye
üres szoba közepén asztalfiók: szelencének rejteke
egykor bezárt, elveszett ép elmémnek nyughelye
pókláb ringat álomba, gubója lelkemnek sírhelye

fogyassz el, Napisten, égesd el a láncaim
a te kedvedért vágtam le rögvest a lábaim,
hogy újakat növesszek: szőröset, nyolcat,
feketét, mely gubóba csavarja a holtat

a sarokban ülve mindent egyszerre látok
örök élet ura vagyok, a háló közepén várok
álmokat ostorozok, s teremtek világokat
bíbor ösvényen járok, onnan keltek villámokat

néha a nap nyugaton kel a végtelen űrben
néha a vér tejútként kavarog s vöröslik az égen
csillagporral takarózva bábozódom a tűzben
világhálómból gubót fonok, hiszek egy új Földben

égő szoba közepén asztal billen, fiók nyílik
ottfelejtett szelence kettétörve sötétlik
egy fekete lyuk sarkában én vagyok a minden
bíbor fény a halálban, én vagyok a Napisten

Hold

Rémisztő az éjszaka, de mégis kilépek bele,
Fontosabb egy jel, mit keresek benne.
Azt mondtam, elmegyek, minő borzalom,
Azt hittem, vége lesz, de mindezt megtagadom.

Erősebb a szívem mélyén egy hang, mi sír,
S most kusza dallamokra hívószót ír.
Kereslek az éjben, a Hold fényes tányérján,
Keresem egy angyal minden rejtett arcvonását.

Keresem a szerelmem, aki szívemből
Buta csillagok közé szökött föl.
Vissza akarom hívni, ölelni minduntalan,
Nem akarok az égre sírni, éjt nappallá téve hasztalan.

Hibáztam, de lábam alól kisiklott a talaj.
Nem tudtam, mit teszek, de ez érzés a halálba hajt.
Megbántam minden egyes eltévedt szót,
Minden hangost s minden könnybe fulladót.

Szívem már ígér, ha hangom erőtlen is,
Egy galamb olajágat s üzenetet visz.
Békém jeléül csattogtatja erőtlen, gyönge szárnyát,
Hogy valahol egy ember meghallja:
A Hold alatt nagyon várják.

Üzenetben lefektetve ott pihen az ígéret:
Van egy hegyen egy kis ház, s benne lányka főzöget.
Szerelmi bájitalnak kutatja receptjét,
Hogy visszahívhassa a férfit, kinek felajánlja hű szerelmét.

holdfény dereng a temetőkertben, házam mögött húzódik
kóros láz kereng a testemben, fájó bőröm húzódik
szívem szerint letépném, vastag csíkokban hámoznám
kutyám szerint tegyem meg, nagy halmokban csámcsogná
ugatja a holdat, széttépi a nyulat, morog az idegenre
ha simogatni akarom, elhalványul, mintha nem létezne
néha futok az erdőben, céltalanul vadászom
nem tűnik valósnak, szerintem csak álmodom

gyakran ébredek a számban vér fémes ízével
rongyos nadrággal, megtépett zekével
fogam között húscafattal, körmöm alatt avarral
minden éjjel útra kelek, ordítok a viharral

kutyám szerint őrült vagyok, vicsorog, ha közeledem
ha megharap, nem látom nyomát, talán csak képzelem
odakint a kertben nincs is kutyaól, nem értem:
akkor mi ugatja a holdat a ház mögött a sűrű éjben?
egyszer meglátom a tükörben, vonyítok félelmemben
likantróp vagyok, egy farkas vére folyik ereimben

Tavasz

Visszatekintő, leköszönő...
mosolyog: így köszön ő.
Nyújtja kezét,
körbezár karja.
Homlokomra lágy csókot
így lehel ajka.

Rajta!

Tovaszaladó pillanatban
visszanéz a tavasz.
Friss, üde zápor jön,
szivárvány csillan,
bánat elillan.

Bárányfelhő, lágy muzsika,
vigasztal a hangja.
Edények csilingelnek,
andalít zaja.
S az ember álmában
kőbe botlik.

Emléket idéz...

Egy márciusról,
hol szó szót követett.
Hol vers szava csendült,
s a boldogság végül
otthonra lelt.

felkötöm magam halva született gyermekem köldökzsinórjára
lógva nézem a kinti szüretet, kecses fecske röppen almafára
tavaszi derű, reménység, szedik a szőlőt, bor készül belőle
kóstolhattuk volna a nejemmel, ha nem hal bele a szülésbe

fojt a hurok, fogy a levegő, a szoba sarkában valami mozdul
sok lába van, remegő, patkány van a szájában, valamit mordul
emberi nyelven szól, s bűnre csábít, női mellei felém merednek
torz, sebes szájával azt búgja csattogva: én vagyok az eretnek

elvisz engem aztán a halva születettek völgyébe
éjszakánként fáradtan hajtom fejemet az ölébe
kedvesem póklábaival szorosan átölel, rámcsimpaszkodik
csókja édes, mint a bűn, íze pókhálószerű, ismét tavaszodik

elvisz engem aztán oda, ahol a förtelem anyja trónol
tíz fejével odafordul, földjén gyötrelem zászlaja lobog
a bestia elhunyt anyám arcát hordja, odavarrva viseli
regél nekem halálról, s hogy azt itt mindenki túlélheti

tavaszi derű, reménység, szedik a szőlőt, bor készül belőle
a halva születettek völgyében mirigyeket szednek helyette
kóstoljuk új feleségemmel, ő nem hal bele a szülésbe
fekete özvegyként felfal majd engem, boldogan vesz ölébe

Esküvő

Kagylóba zárt igazgyöngy a lelkünk,
segít, hogy egy életen át szeressünk.
Kagyló fedele zár össze végleg,
téged rendelt mellém egykor a végzet.
S mint kezünk összefűzve pihen,
szívünkbe az ima ad hitet.
Hogy ha a világ összeomlani is látszik,
a szívünk többé soha nem fázik.
Mint eskünkben foglaltatik benne,
nem lesz többé, hogy valamelyünk magányos lenne.
Ha szívünkbe fájdalmat is csen az élet,
támaszod leszek, amíg csak élek.
Ha könnyek között messze menekülnél,
ha a világ végére elkerülnél,
én oda is követlek téged,
s karjaim között lelsz majd békére.
Nyugalom áraszt el majd engem is,
ha szavad szívemre békét hint,
mert minden elhangzott szóban ott a jóság,
minden lelki bánatomra te leszel orvosság.
Fogadom a szent isten színe előtt,
hogy ha téged mentlek vele,
nem menekülök a pokol elől.
S ha egyikünknek bánat lesz keresztje,
cipelni azt a másik segítse.
Ez csomót senki ne tudja oldani soha,
együtt az élet sem lesz olyan mostoha.
Követlek téged, míg ezen a világon vagyok,
míg csillagom az égen odafent ragyog.
S ha az én csillagom hunyna ki előbb,
várlak a mennyek kapuja előtt.
Fogadom, hogy veled leszek jóban, rosszban,
csak egyet kérek a teremtőtől:
élj te nagyon hosszan.

megöltük egymást, s feltámasztottuk
téptük egymást foggal, s körömmel is nyúztuk
hegyen-völgyön keresztül űztük a másikat
vertük szöges bottal a kezünket s lábunkat
mégis talán egyszer eljő
a boldog, vidám esküvő

kútba dobtuk egymást, hegyen löktük jégverembe
múltba száműztük, jelenből kizártuk az éterbe
jövőből visszarántottuk a kozmikus semmibe
anyaméhből kimetszve ledobtuk a véres földre

karddal szúrtuk át egymás szívét, kiszakítva
durván vasra vertük zúgó folyóba taszítva
mennyből rántottuk vissza végleg a Földre
hogy sose üdvözüljön, s ne legyen örök élete
pokolba száműztük, lávában gázolva mentünk ölre
hogy elkárhozzon, és soha ki ne jusson a fényre
űrben fojtottuk egymást fagyos csillagporba
hogy aztán letaszítsuk a földi sárba, mocsokba
veremben etettük egymást agyaggal a fuldoklásig
...ám a vérünk őrülettől eldobolt a boldogságig
így mégis talán lesz jövőnk univerzum peremén
boldog, díszes esküvőnk, világvége idején

Vágy

Elemi erő, mely nem ereszt,
Éjt nappallá téve suttogok egy nevet.
Hinni akarok benne, s tudom: szeret.
Ölelő karja el soha nem ereszt.

Szívéből felém micsoda szerelem árad,
Szerelmét szívemben szerelem várja.
Karját felém ölelésre tárja,
Tiéd leszek, s tiéd szívem minden vágya.

Ősi szenvedély fűz engem hozzád.
Leszek, ha kell, hűséges szolgád.

Leszek feleséged, asszonyod, ha kéred,
A pokol tüzén is átsétálnék érted.

kiszáradt kórót visz a szél, a révész elkísér
utolsó utadon, ahol más a cél: választ ígér
szentek közé borotvaélen vérző lábbal felkísér
stigmákon csúszik a talp, a Gonosz megkísért

kopogj mennynek kapuján, hallgasd a semmit
nincs válasz, mert már kiűztek mindenkit
az ember bűnös, véget ért az egykori istenhit
ezentúl már csak a pokol számos bugyra létezik

bevarrt szemek, összetűzött szájak tátognának
ha szabad lenne ordítani, szárnyak suhognának
egykor angyaliak, fehérek, puhán tollasak
ma már foszló anyagúak, feketék, ótvarosak

megszólalnak a kürtök, nyílnak pokol tüskés kapui
megégett glóriák lógnak alvilág kormos falain
holt lelkek csoszogva tolongnak kénköves utcáin
ördögök rikoltva hajtanak kárhozat hintóin

mind egy ritmusra mozog, egyre vár
hogy egyszer még legyen jó, legyen vágy
csillanjon fény, csobogjon víz, pirkadjon nap
éledjen remény, dobbanjon szív, áldjon a pap
nyíljon virág, egy derűsebb világ, ha eljő
visszatérne a vágy, létezne világos jövő

Zene

Halk csendből ébredő hangzat
Segít a búban és bajban.
Görbe vonalat rajzol az arcra,
Felkészít minden nehéz harcra.

Ha egyedül vagy és bánt a magány,
Hallgasd az égi muzsikát.
Megtalálja hozzád az utat,
Mint bölcs jóslat: új célt mutat.

Kitör, mint nap a felhő mögül,
Mint két erős kar: úgy ölel körül.
Ha kell, a csend is ő lesz neked,
Lesz az arcod, kezed, álcád s neved.

Ha messziről szólna, indulj utána,
Hol neki otthona, ott lesz a házad.
Hol a zene, ott erő és béke
hoznak valami csodát létre.

nyikorgás az ágy alól, zihálás a padlásról, zene volna?
vicsorgás a sötétből, nevetés a szekrényből, keze volna?
patás angyal röppen fel az erkélyről, szárnya volna?
bomló aggyal kettényílt fejű holttest, szaga volna?

az esti város zsongó lármát tölt a fülembe, eldugít
az erkély felől osonva lárvát töm a szemembe, elvakít
a szobámban van, mégsem látom, dallamot súg a szájszerve
az agyamig hatolnak hangjegyei, barázdákat verve bele

lenyelem a hangokat, hogy rút sikolyom elcsituljon
megpendítek egy pengét az eremmel, hogy dallamot adjon
meghúzom a ravaszt, hogy ravasz módon eldurranjon
valami a szobámban van, hogy hártyájával beburkoljon

rovarként gyermekeknek bábozódom egy apró színházban
potrohomból zene szól, füst gomolyog a nyálamban
a porszemek szikláknak tűnnek, mosolygok a sárban
ízeltlábú szolgaként dolgozom egy gyárban

nyikorgás az ágy alól, nevetés a padlásról, zene volna?
suttogás a sötétből, köpenyével palástol, halál volna?
hosszú tárgyat húz elő, pengéje megcsillan, kasza volna?
haladok egy alagútban, a végén fény villan, haza volna?

emberként gyermekeknek bábozom egy nagy színházban
gitáromból zene szól, füst gomolyog a díszletvárban
a papírmasék szikláknak tűnnek, mosolygok vidáman
a boldog emlékképek még inkább gyötörnek a halálban

Lovasok

„Olyan szép vagy azon a képen, anya!
Én is szeretnék lóra szállni!" – így a gyermek.
Pedig a nő remélte, hogy időt nyerhet.
Tanakodik férj és feleség, hol a megoldás.
„Veszélyes!" „Kicsi még!" „Baja lesz, meglásd!"
Álmatlan éjszakák várnak most apára,
nagy teher rakódik anyuci vállára.
Hétfő reggel van, a kicsire ovi vár,
anyuci, apuci: irány a nagyvásár.
„Nem lehet, kedvesem!" – mondja apuci,
„Édes kislányom még a pónihoz is pici."
Mennek tovább, szembejön egy játékstand,
„Nézd csak, anyuci, ott meg mi van!"
Micsoda hintaló, nem találni szebbet,
éppen olyan, amilyet kerestek.
Hazaviszik, anya főz, apa megy piciért,
„Meglásd, kicsi lány, micsoda öröm ér!"
„Lovas lettem, nézzétek!" – így a gyermek.
Édes álmot lát éjjel kicsiny lelke.
Száguld vele a csodás pej paripa,
ilyen lova bizony nem volt még senkinek soha.

borotválkozol reggel: a tükörben üres tekintet
a pengével szemgolyódat vágod a nyakad helyett
nem akarsz már látni, nem is lenne mit
az emberiség végső napjain elfogyott a hit

a feszület a falon leesik, ágy alá pattanva búcsúzik
vakon nyúlnál utána, véres kezed a padlón megcsúszik
arccal a vérben, arccal a porban kövesd a hitet!
kövesd vakon, térden csúszva, amit annak hiszel

ám az ágy alatt nemcsak egy kereszt hever
hiszen nem először vesztetted már el
másztál is utána, mégsem lelted, nem érted el
sosem találsz ott semmit, mégsem adod fel
nem fogod fel, ami ellen az elméd is tiltakozik:
Isten fia nem műanyag kereszten, az ágy alatt lakozik

az igazság odakint van, négyen vannak, lovon ülnek:
Harag, Háború, Éhínség és Halál: ekképpen hívják őket
érted jöttek, aki a porban mászik, ablakodon berepülnek
lovaikkal gerincedre tiporva törik ketté csípődet
nem fogod fel, ami ellen az elméd is tiltakozik:
Isten fia nem műanyag kereszten, az ágy alatt lakozik
ma azonban eljöttek, kik nem szólnak, nem kegyelmeznek:
az Apokalipszis Lovasai szavaidra, imáidra nem felelnek

Ágy

Bíborpalást fedi.
Gondod veled feledi.
Titkod fel nem fedi.
Érintésed szereti.

Ölel, ha fázol,
leple alá bújhatsz.
Meleg karjával átfon,
s rabja lesz a múltnak.

Finomhangolt zajok,
mellkasából felszakadók,
tovaszálló bajok,
s mozdulatok, életadók.

Őrzi az álmod,
vigyázza léptedet,
meg sosem bánod,
ha mást is ölel két kezed.

Gyermekkorod óta tiéd,
s ha lehajtod este fejedet,
nem kérdezi, hogy miért,
dolgoztál már eleget.

Nézd, sehol egy kérdés,
mi kutatná, mit tettél.
Semmi számonkérés,
hogy miért ilyen ember lettél.

Őszinte hallgatás,
mely néha zajba némul el,
utólagos megbánás,
ha fejed veszted el.

De örök, hűséges társ
karja, ha átölel,
érzed, hogy mennyire várt,
s nem csak téged fogad el.

(Mi az?)

ágyban fekszel, csillapodást vársz szüntelenül
fájdalomtól csillagokat látsz, remegésbe menekülsz
tüneteid nem valósak, mégsem múlnak el soha
a lelked beteg, tested börtönében elevenen elrohad

ágyad egyik rugója késként bordáid közé szúr
de nem engeded, hogy a fájdalom legyen az úr
csak fekszel, és nem baj, ha fáj
még akkor is, ha megfordulnál
mert akkor csak ott is fájna
a kín pedig a szívedig vájna

ne erőltesd hát magad, halj meg mozdulatlanul
hogy nehogy máshol is fájjon, feküdj álmatlanul
s mikor belép a Halál, köszöntsd tétlenséggel
belenyugvással, várakozó arckifejezéssel

ne tégy semmit, mert fájni fog, az élet is fáj
biztonságosabb meghalni, vonulni mint a nyáj
sokat aludni, ágyban élni, hogy nőjön a háj
ne is gondolkodj, ne lélegezz, ha nem muszáj

ne légy boldog, ha nem létszükséglet
ne pazarolj energiát, tarts mértéket
ne kelj fel, ha nem ég a ház
akkor pedig irány a kórház
ágy ott is kell, hogy legyen
aztán ott a halottasház a hegyen

Anya

Miből állasz, édesanyám?
Ölelő karok...
Ringató karok...
Édes ajkak közül elhangzó
lágy dallamok.
Tápláló szeretet,
mely engem éltet.
Kicsiny szívem, ha dobban
mindig, mindig
érted élek.
Lélegzetem halk hangja
suttogja a mesét este.
Kicsiny szívem ritmusa
odabent a tiéd leste.
Tőled tanult ritmus enyém,
míg csak élsz te, velem legyél.
Ölelj át, ha sírva félnék,
ha árnyak közül feléd lépnék,
nélküled én nem is élnék,
lépten-nyomon csak reszketnék.
De mivel vagy, édesanyám,
már nem is lehetne szebb a világ.

csorog a rothadás a mennyezetről, savanyú szagú tapéta
csobog a vér a feszületről, sanyarú sorsú aszkéta
füstöt okád a vénasszony szája, tán az ördög szállta
bűzlik az egész lakása, az őrület minden jótól elzárta
csak az Isten maradt neki, aki arrafelé sosem jár
és a mentő, mikor érte jön, akire ő sosem vár

csak a hangok a fejben, tetvek a hajban és az ágyban
véres szerszámok a kertben, sár és macskatetem a kádban
éjjel halott fiához beszél, nappal zene ordít a házban
báli ruhát hord, ami merő mocsok, bokáig jár fekáliában

egy ember, aki régen nő volt, egykor anya volt
egy lány, aki régen szép volt, aztán ijesztő volt
aki nem bírta, ha mindene megvolt
ha ajándékot kapott, azzal is csak baja volt
vagy magát pusztította volna, vagy mást
ha fázott, felgyújtotta volna a lakást

egy lány, aki régen szép volt, aztán anya volt
de egyedül maradt, mert ilyen a sors: ma már holt

Szív

szívemen játszod a dallamod,
mely édes, és én hallgatom
hallgatom, amíg hallhatom
szíveden játszom a dallamom,
és majd ha egyszer elhal a szó
kigyúlnak tán a fények
elhiszem akkor, így a jó
és tán majd te is úgy érzed
akkor majd átölelsz,
és gyúlik egy láng a szívben
akkor közös lesz az érzés,
közös lesz a harc is érted
érted értem és értünk folyik,
örökké és ez meg nem áll,
míg áll a világ, nincs könny-válság
– így énekelte az éjen át –

beszív magába az éj
sötét lepel, pokoli kéj
ráncok az ágyon a gyötrelemtől
ráncok az arcon a rettenettől

szív az éj, él a szív
húz a mély, mély a kút
szól az árny: „Árva lány!
Szülj árulót a pokol tornácán!"

szív a mély, mély a szív
húz a kéj, kéj kútja szivattyúz
feltör s közeleg a gyötrelem
börtönéből szabadul a förtelem

dongva várnak a tétova árnyak
amíg tart e bűnös vajúdás
suhogva tárulnak a fekete szárnyak
rikoltva üdvözlik az új Júdást

s eljő a halálnak napja, gonosznak fattya
hazugság atyja, nyomornak papja
szív a mély s a fertő
káosz örvénye, kihalt erdő
a világ már csak kietlen pusztaság
árvaság, sántaság, haldokló sárgaság
szív az üresség, üres a bendő
éhhalál vár mindre, az élet veszendő
nincs jövő, nincs hit, csak egy esztendő
míg másodszor is nevetve megszületik
s harminc ezüstért minden újra elárultatik

Vihar

A dörgés kérdez,
a villámlás felel,
a szívem érez,
miért mész el?

A dörgés kiált,
a villámlás kacag,
„x" elmegy,
„y" meg sírva fakad.

Konstans viszály,
a dörgés kiált,
gyere haza, édes,
szeretlek, és kérlek.

Monoton szózatom
dörgés kiáltja
villámlás kacagja
visszhangja veri vissza.

A dörgés kiált,
a villámlás
a sziklaszirtre
kiállt.

Ugorna ő, de ekkor
egy dallam felszólt:
átölelte villámlás a dörgést,
nem ébredt több gyötrődés.

Konstans szenvedés
szeszélyes görbe.
Legyél, villámlás,
a szívemnek őre.

Heves nyári zápor
született:
kettejük románcából.

124

tekerj szögesdrótot a nyelvedre, ilyen hát a halál íze
húzd a drótot kedvedre, vágja le, essen be a sírkertbe
imádkozz egy sírban, föld alatt egy fadobozban
ott végre nyugalom van, csend honol a koporsóban

odakint vihar tombol, téged hívna, mégsem hallod
beköszönt a világvége, mégsem látod, átalhatod
hat láb mélyen eltemetve, szélcsendben elmerengve
férgektől körülvéve, szép csendben elfelejtve

kapard ki magad börtönödből, szabadulj meg körmeidtől
benne maradnak a deszkában lapocskákként meredezve
mássz ki a földből, szakadj el a gyökerektől
a holtak már odafent várnak seregekbe rendeződve

eljött a végső vihar, mely sosem fog elcsitulni
nem lesz végső ima vagy idő elbúcsúzni
a Nap előbb fog kihűlni, a Hold örökre elvész
mindent elragad, és összezúz a szélvész

Tűz

Csodálatom tárgya a pattanó szikra,
ahogy előbb az asztalt, a terítőt,
majd a szekrényt s a falakat bírta –
kényszeres lelkemnek felhevítő.

Micsoda látvány, ahogy ég a fotó,
hallik a sikoly, szárad a lefolyó,
olvad a mennyezet, hullik a gerenda,
soha nem volt a világnak tegnapja.

Meghalok, de nem csak én,
sokan vagyunk a világ közepén,
egy szoba belsejében hallgatag,
a szoba közepén hallgatlak.

De a tűz elnyomja a hangodat,
nálad zuhan, nálam szárnyal a hangulat,
ropogó tűz ordítja a zenét,
ki útjába kerül, csak addig élt.

Lángra kap egy régi fotó a falon,
esküvői kép, hogy lángoljon, akarom.
Égjen, mint bennünk a tűz egykoron,
ami meghalt egy fáradt hajnalon.

Életünk a tűz martaléka,
testünk a pokolnak lesz ivadéka.
Lángokba borulva járjuk majd a táncot,
nem szakítjuk meg ezt a pokoli láncot.

amikor a tűzorkán elapad, és pislákol a láng
amikor szürke hamu alatt izzik a parázs
lélegzetünk elakad, és reményekről álmodnánk
de minden elvész ezalatt, és oda lesz a varázs

amikor e kietlen földön már semmi sem rügyezik
élted s holtod a pusztulásban gyökerezik
a napkorong lehull, s a Hold összetöredezik
amikor a jót a rossz helyett halálra kövezik

ott állunk majd ketten, s nézzük tenger habjait
elfeledett világ élettelen, lehullott szirmait
nézzük a nagyság egykori kormos nyomait
egy kettényílt galaxis szétvetett lábait

ott állunk majd ketten egymás szemébe nézve
hol felismerést keresve, hol emlékeket idézve
aztán megcsillan valami, pislákol a láng
a remény nyomai, mert izzik még a parázs

egyszer egyek voltunk, alkottunk s teremtettünk
csillagok közt jártunk, ölelkezve nevettünk
titánok voltunk, s apró porszemek lettünk
emlékezz hát, mert fel kell végre ébrednünk!

hol van az a tűz, az az égi jel,
ami ha szemedben lobbant, társra lelt?
hol van az a hit, ami ha életre kelt
és szívemmel dobbant, társra lelt?

bennem van, benned van, belőlünk fogan
ne hagyjuk többé kihunyni s elveszni magányosan
nyissunk életnek, halálnak új fejezetet
egy titkos reményt, jövőt, a kérdésre feleletet

éled a tűz, távolodik a világ két végpontja
univerzum szirma mintha most virágként nyílna
éled a remény, miszerint nem feledted el
hogy egykor istenek voltunk, s szerettelek

Isten

Nézz le a Földre, Istenünk, és élj az emberekért.
Ahány ember él köztünk, annyi mesét mesél.
Vannak, akik éheznek, bűnhődnek bűntelenül,
Vannak, kik élnek, bűnösen, de büntetlenül.

Nézz le a Földre, Istenünk, és élj az emberekért.
Hidd el nekünk, mindig megéri, mindig van kiért.
Vannak, kik árván maradtak, fáznak, ha jön a tél,
Vannak családban élők, kiknek senki nem mesél.

Nézz le a Földre, Istenünk, és élj az emberekért.
Te vagy az, akiért manapság a legtöbb ember él.
Elsuttogja neked minden baját, apró panaszát,
És tőled, ha mennybe jut, megváltást vár.

Nézz le a Földre, Istenünk, és élj az emberekért.
Talán van köztünk olyan lélek, ki megérdemli még.
Ha csak egy jótékony lelket is találsz, higgy benne,
Mert nincs felfogás, mely megváltoztathatatlan lenne.

imádkoznál-e, ha létezne az Isten?
hinnél-e eredendő jóban, ha egyszer nincsen?
hinnél-e pokolban, ahová sosem fogsz kerülni,
mert bűneidért sem fognak kérdőre vonni?

hinnél-e magadban, ha teremtettek volna
Isten saját képére, majdnem pont olyanra
hasonlítunk rá, csak nem tudjuk, hogy néz ki
mégis megnyugvást jelent, mert ő jobb, mint mi

hinnél-e valakiben, aki mindenható,
mindent hall s lát, bármit megtehet?
véleménye rólunk mégsem oly mérvadó,
nem számít, mit tehet, ha úgysem szeret

aki szeret, az segít, aki szeret, az ott van
velünk van a jóban, velünk van a bajban
hinnék én Istenben, ha nem érezném magam
emberek nélkül egyedül, akár az ujjam

hinnék én tényleg az eredendő jóban
ha nem bántottak volna már megannyian
imádkoznék én, ha létezne Teremtő
segítő, óvón vigyázó, féltve szerető

hinnék én fortyogó, rémisztő pokolban,
ha nem lenne csábító minden egyes kénköve
ha nem lenne minden sátáni bűn valójában
az emberi alaptermészet építőköve

inkább lennék nevető ördög egy helyen
ahol megértenek, s azt kapnám, ami jár
mint síró angyal a gyönyörű mennyben
ahonnan még semmit sem kaptam életem során

kinek a képére teremtettek és miért,
ha a szívem a pokolba húz a boldogságért?
miért könyörögjek a mennyben bocsánatért,
csak mert ember vagyok, aki kiáll az igazáért?

minden hívő ember féli az Istent
én nem akarok attól félni, aki állítólag szeret
félelemből járjak imádkozva templomba?
rettegve belépve Isten házába látogatóba?
járok inkább, s élek szeretetből pokolban
mert ott majd talán megértik jobban,
hogy kinek vagyok a tökéletlen alkotása
kinek nem voltam én sosem a képmása:
akitől túl sokat vártak, de belebukott
túl keveset adtak, s ő is alábukott

Gyertya

Álmomat őrző apró lángocska az élet.
Mindvégig, hogy hova tartott? Mesélek.
Leltem egy várost, mely befogadott engem,
gyűjtöttem sok embert, mind engem szeressen.
Szereztem sok élményt, hogy fűtsön, ha fázom,
rendeltem egy ételt – minden este várom,
gyújtottam egy gyertyát – fénye nem vakít,
hallgattam egy bölcset, azt hittem: tanít.

Álmomat őrző apró lángocska az élet.
Most elmondom: miről szól a Bibliában az ének.
Eldobtam pár érmét, meglelje, ki rászorul,
szekrény mélyén fajátékom megette a szú.
Festettem egy képet, hogy széttépjem a vásznat,
és megkerestem azt, aki valahol rám várhat.
Útjába eredtem, hogy hátra hagyjak mindent,
hogy éjszakám sötétjén csak gyertyaláng libegjen.

Álmomat őrző apró lángocska az élet.
Buta voltam, hogy elhittem azelőtt: élek.
Élet csak azóta lett, mióta nem mondom: enyém,
mert mindenkié a föld, amire lép, s a vidék,
melyet nap süt, melenget minduntalan –
csak őrizd a lángot, hogy sose légy céltalan.
S ha egyszer csak egyetlen gyertyád maradna,
gondolj a Teremtőre – így sosem maradsz magadra.

fülledt éjszaka, bűz, duzzadt nyirokcsomók
a párás sebek nem gyógyulnak, ugráló hegedűvonó
táncolj, amíg vonyít a dal, sántíts grimaszolva
egyél, míg még nem rohad a hal, bókolj meghajolva

varázslatos bál, pompa, mocsok és fertő
elegancia, háj, ronda orca, feneketlen bendő
ótvaros nők a karokban
gyertyák égnek a sarokban

szép szavak, aljas szándékok, nincs itt lélek
ártatlan bárányok, azok talán máshol élnek
ahol a fiatal lányok félnek és vörös lámpák égnek
ahol mindennek ára van, főleg a nők testének

kövér ember közeleg
arcán kéjes élvezet
rettegés az arcon
remegés az ajkon
bizsergés a farokban
gyertyák a sarokban

Legbelül

MK

Megáll a zsongás,
érzelem-tolongás,
ébredő nyugalom,
fájdalmam elhagyott.

Elvész a szorongás,
jön a boldogság,
szunnyad az erő,
az érzés megnyerő.

Szívet melenget,
lelket melenget,
a fájdalom elenged,
a fagy felenged.

Kérdéseimre felelget,
maga alá betemet,
jön, s elmehet,
de óvja szívemet.

Nem visz, hanem hoz.
Sose volt még jobb.
Kívül s belül.
Egyenletes lélegzet,
ha a vihar elül.

GW

lakik egy énem mélyen legbelül
amivel jobb, ha senki sem szembesül
mást nem tud, csak elvenni s ártani
viszályt, kétséget szülni, bántani

lakik egy énem mélyen legbelül
ő is én vagyok, velem szemben ül
gyakran látom röhögni szemérmetlenül
a tükörben, ha a fürdőben a gőz elül

vihog egy énem mélyen legbelül
ő a gonosz odalent, én az álarc legfelül
palástolom a szándékait rezzenéstelenül
elvégzek bármit, amit mond kegyetlenül

talán semmi sincs bennem legbelül
csak a pokoli sötétség testetlenül
a rothadó bűn nyújtózva meztelenül
parázna módon kitárulkozva illetlenül

lakik egy énem mélyen legbelül
többnyire ezt mondom védekezésül
én csak áldozat vagyok tehetetlenül
nem én ölöm meg őket egyedül
mert él bennem valaki legbelül
én csak ülök, és nézem tétlenül
csupán egy test vagyok neki rejtekül

139

Bárányka

Új jászol mellett
cirmos bárányka.
Hófehér bundája,
fekete nyolc foltja.

Fekete nyolc foltja,
rózsaszín az orra,
de ártatlan ő is,
Istennek báránya.

Istennek báránya,
jászolnak őrzője.
Kisbabát melenget
világszép bundája.

Világszép bundája
mégis oly egyszerű,
hogyha csak rá nézel,
béke kél szívedben.

Béke kél szívedben,
Isten báránya,
s szemedet lehunyva
kezedet imára kulcsolod.

GW

harapj rá a szögre ordítva fogatlanul
szájpadlásod merevre fagyott pokol:
lyukkal a közepén tátong lezáratlanul
ömlik belőle a rontás, ismét csend honol

nyugalom a halálban, izzadtság az éjben
álmomban megmártóztam a sűrű vérben
bárányka vagy: fehér, véres, áldozati
együtt lépünk a fényre: halvány, alkonyati

feszület a falon, holt hever a pamlagon
ülve várja s köszönti az előkelő rothadást
izzó szemű keselyű néz be az ablakon
szárnyát kitárja, feláll, hátán ködpalást

mondj el egy imát, mondj el mindennek
szapulj engem, bárányka, ez a vége mindennek
rebegj hálát az Úrnak, ölts magadra köntöst:
romló, bűzös húsból, körülötte légy röpdös

ez hát a vég, a feslett búcsú örökre
a keselyű az ablakban helyesel röhögve
viszketve vakarod ki magadból az életet
bólogatva számolod a hátramaradt éveket:
nulla a válasz, hulla ágyaz topogva odabent
menj be hozzá, öleld át zokogva odalent

mondj el egy imát, mondj el mindennek
oldozz fel, bárányka, ez a kezdete mindennek
feküdjünk fel az oltárra, nézzünk csillagokat
számoljuk meg őket, mint haldokló bogarakat
míg az enyészet kegyesen el nem altat
míg a természet kecsesen meg nem kacagtat

fű alatt fekszünk már földdel letakarva
férgek élnek rajtunk, sebeket elvakarva
utolsó napunk ez: fekete, véres, áldozati
végső reményem kopott el: halvány, alkonyati
szapulj engem, bárányka, én vagyok a hibás
a vesztes, a fals mártír, az örök Júdás

Család

I

Kicsiny kezet megfogod.
Kezem tiéd szorítja.
Szívemet kitárom,
te legyél az írja.

Magam maradtam,
túl nagy a világ,
hajladozom a szélben,
mint kicsiny hóvirág.

Erősnek kell lennem,
mondja mindenki,
de hogy hova kell mennem?
Rajtad kívül – nem segít senki.

II

Családnak nevezhetünk
néhány fűcsomót is,
melyre a nap odasüt,
és fényével segíti.

Család lehet néhány virág
odakint a réten,
egymástól távol áll,
mégis egymás felé
hajladozik szépen.

Család vagyunk mi is,
s kart karba öltve
sétálunk bele lassan
a naplementébe.

III

Hosszú idő telt el,
sok év kimaradt.
Ez idő alatt
nem láttam madarat.

Kimentem a fényre,
de árnyék fogadott,
s nekem a csalfa nap
túl sok árnyat adott.

Mentem előre, s az út végén
ott álltál, ott vártál, s felém léptél.
A világ máris szebb, naposabb,
nem tudom, voltam-e valaha boldogabb?

IV

Kicsiny gyermek, kezem fogtad.
Erős felnőtt – csak te voltál.
A szememben, ó, mily csodás!
Soha ne hagyj el.

Sétáltunk a mezőn,
szemembe sütött a nap.
Karodba kaptál,
az emlék megmarad.

A szeretet örök, utamon kísér,
életnek nevezem, amit életnek neveztél.
Tőled tanultam sok alapvető szót,
minden emlékem a szeretetről szól.

a család az, amelyik ki nem tagad
idegenként, kérés nélkül befogad
amelyik nem véredet akarná dühből
hanem vérét adná érted szeretetből

néha nem beleszületsz a családba
csak beléjük botlasz, mint a csalánba
de a szeretet nem csíp, nem fáj
tüskéje nem fecskendez mérget a bőr alá

nem az az otthon, ahol csak vársz,
hogy teljen az idő, s érkezzen a Kaszás
ahol csak alszol, miután mindent bezársz
ahol a létezésnél többet nem is csinálsz

az otthon az, ahol mindent nagyon vársz,
megáll az idő, s még a tétlenség is utazás
ahol aludni sem tudsz, mert annyi öröm vár
ahol a puszta létezés egy boldogabb világ

nem az néked otthonod, ahol ráébredsz,
hogy gazdagon is sírva alszol el
hanem ahol szegényen is nevetve ébredsz
még ha kőpadon is, sírok között aludtál el

Búcsú

Könnyedséggel töröld le könnyemet,
légy a vigaszom, ha búcsúzni kell.
Érted, csakis érted tépem most a szívem,
ne légy hát rest átölelni, ha menni kell.

Elfogadom, hogy ennyi járt, nem bánt,
de ne ereszd el még a kezem, hisz
tudni akarom, milyen a napfelkelte,
milyen a napfelkelte, ha nekem üzen.

Nevetni akarok még, engedd meg,
szeretni akarok még, ne vess meg.
Csak adj esélyt, mielőtt örökre mennél,
mielőtt örök, fájdalmas búcsút vennél.

Tudod, mit? Ne is búcsúzzunk, ráér.
Míg ölelő karod engem átér,
adhatunk egy esélyt a bolond világnak,
csak hidd el, hogy téged mennyire kívánlak.

Szeretet lakik most a szívemben,
nem hullott még neki búsan vére.
Mindenre képes lennék érted, kedvesem,
csak ne vess búcsúnak fájdalmas kövére.

tüskéket szúrnak szemembe a könnyek
fájdalmas a búcsú, vigyél el minden könyvet
többé úgysem olvasok már a halálnak völgyében
vért sírok a véres sírok ódon, gyomos kertjében

egy patkány rohan át az úton, apró lábai bogaraké
párkányomon darázsfészek, hangjuk halott anyámé
zizegve szólít a Halál: nyúlj belém, nem csípünk
darazsak ömlenek be a számon, csípős az ízük

halálkasza lóg ágyam felett, egykor dísztárgy volt
ma már ez a fegyverem, lábamon kéklő hullafolt
féreg figyel a parketta réséből, apró szeme kacsint
beszúrok egy tűt: teste görcsbe gömbölyödő galacsin

pókként bújok sarokba, hálómat kivetém: nyálas
hadd ragadjon bele bármi, ami potrohos, szárnyas
kiszívom a nedveket, özvegy vagyok, víg, fekete
páromat felfalva csámcsogva fogan szőrös csemete

a radiátor rései közt új világot fedezek fel
bebújok meztelenül, a láz völgyének nevezem el
fájdalmas a búcsú, vérző testben nedves szerelem
ártalmas a bú, ha érző szíved egyszer már megrepedt

halálkasza lóg ágyam felett, lendül, s lesújt
fejem gurul ágy mellett, lábaimon húsos súly
fájdalmas a búcsú, vérző szívem lyukasan sóhajt
végtelen a bú, ha érző lelked égve halált óhajt

Gyász

Egy, kettő, három, négy,
visszafelé számolnék,
ha még itt lennél velem,
de tudom, hogy neked könnyebb,
könnyebb odaát a végtelen.
Lelkemen mázsás súly pihen,
lelkedre angyalok illesztettek
néhány órája szárnyat,
s most pille-könnyen szárnyalsz,
és én nem mehetek utánad.
Ó, mily kegyetlen is a sors!
De tudom, neked könnyebb,
éppen ezért, mint a nagykönyvben írják:
téged most szépen, lassan,
nagyon lassan, fájón,
mégis a sors akarata szerint:
elengedlek.

gyászhoz nem kell halál, elég élni, remélni, lemondani
gyászhoz elég a talán: félni, őrlődni és csalódni
meghasonlani egy verőfényes napon, mindent elveszteni
sírni egy folyóparton, kérni, vágyni, mindent ígérni
hiába, ha kevés vagy, nem vagy semmi, és sosem voltál
hiába fontos a lelkem, ha nem kellek, s eldobtál

gyászhoz nem kell sír és halál, elég ha én sírok
gyötrelemhez nem kell kín és pusztulás, ezért írok:
mert papíron a könnycsepp legalább nem okoz bajt
élőket is illet gyász, ha a szeretted magadra hagy

élek, hogy kiderítsem, lehet-e majd jobb vagy könnyebb
félek, hogy kiderítsem, eláll-e majd egyszer könnyem
nem gyászolom a holtat, mert neki már nem fáj
gyászolom az életem, mert olyan, mint egy nyitott száj:
kér, mert éhezik, ordít, ha vérzik, csókol, ha szeret
fél, mert vétkezik, sziszeg, ha fáj, mosolyog, ha nevet

gyászolom az élőt, mert nincs velem, soha nem is lesz
kicsavarom az égőt, legyen sötét verem, vissza az éjhez
az az én világom, éj idején nyílik fekete virágom
úgy hívják: reménytelenség, melynek minden szirma lángol
fájdalomtól, ürességtől, bezártságtól, magánytól
céltalanságtól, keserűségtől, öregségtől, halálvágytól

gyászolom magam, mert nincs messze a halál, soha nem is volt
belenézek a sötétbe, és meglelem régi énem: ami legbelül holt
ez az én világom, éj idején nyílik halálnak kapuja
én nyitom ki, mert szorít már a feszes rabruha:
az életé, mert nem rám szabták, nem nekem készült
jobb levetni, vár rám a szabadság, a pokol nekem épült

Szakítás

Fájdalom után a fellélegzés –
közös élet terve után az eleresztés.
Elengedni a kezet, ha már másét fogja,
ha a sors a fonalakat mégis másképp fonja.

Mondani, hogy viszlát, ha a szia már nem megy,
ha az élet kiszívta belőled az utolsó cseppet.
Nem hajítani kígyót-békát, ha virágot nem megy,
csak szépen, nyugton elengedni a kezet.

Keresztüllátni a hegyen, hogy ott süt a nap,
elhinni egy barátnak: így sem vagy magad.
Találni újabb vigyázó szemeket,
s egy apró otthont, melyet betölt a szeretet.

Mondani, hogy viszlát, ha a szia már nem megy,
nem nézni a kezet, ami most elenged,
nem ellökni, elengedni a másét:
nézni a vacsoracsillagot, ami most is világít.

Jó reggelt! Új nap ébredt most veled,
élni fog még, tombolni a szeretet,
pillangó száll a szívre, könnyű a teste,
nem fog mindig magányban lelni az este.

Jön majd valaki, ki otthont lel a szívben,
ki szeret majd ismét, szeret majd híven.
Ki lelkedre írja nevét, s le nem törli onnan,
letörli a könnyed, s nem kérdi utána: hol van?

vég, magány, döghalál
szerettél, de elhagytál
magányom végleges, minden kilátástalan
az egykori látó ma már céltalan, világtalan

elveszett a jövőm, ami talán sosem volt
elfogyott az erőm, felettem keselyű sikolt
ismétel valamit, amit egykor hallottam
amikor még éltem, s nem feküdtem félholtan
elhagyott a kedvesem:
„Jobb lesz neked nélkülem."

remegve várok egy új életet, ami sosem jő el
nemlétező boldogságot látszólag emelt fővel
„egyedül több vagyok, mint ketten voltunk"
ebben próbálok szánalmas módon hinni
akkor is, ha egyedül vagyok, s boldogok voltunk
van még remény: ezt próbálom leírni

de kiesik a toll, s lehull
megreped az ég, megfojt a kín s az üresség
kiesik egy könnycsepp, s lehull
megremeg a lét, megfojt a szabadság s a szürkeség

sikoltva vár az új „boldogság" nevető szája
csattogó fogai átharapják nyaki verőerem
lenyeli a lelkem, szétkeni a padlón a májam
onnan nyalja fel nevetve: jobb lesz neked nélkülem!

kiesik a könnycsepp, s záporrá duzzad
nyílnak a gátak, elárasztják utunkat
nincs hová menni, nincs mit várni az őrület szélén
egyedül állok úttalan utak kezdetén s végén

beszűkül a tér, kiszárad az ér
az egykori távolság közeledik, s véget ér
jövőképet ültetek a halál mezején
vetek neki magot, vetek neki véget
táncolok holtomban egy széteső világ tetején
sodorja a szél a halálszagot, fekete nyáj béget
megjósolják a véget
elfogytak az érvek
elfogytak a szavak
csak kiszáradt tavak maradtak
hová lett a derű, az éltető nedű?
üresen kong a világ, minden nyögésszerű
mit tettek velem? ez az élet börtön énnekem
„Ki tart velem?" – szól zuhanás közben énekem.
kedves világ, jobb lesz neked nélkülem

Vár

Van valahol egy hegy,
rajta üvegvár.
Hazavár?
Nem tudom.

Van valahol egy álom,
benne van ő is.
Hogy szeret-e még?
Nem tudom.

Van azon a váron ajtó,
ablak is.
Hogy nyitva áll-e?
Nem tudom.

Van a szívben egy dallam,
most is hallom.
De, hogy az szól-e?
Nem tudom.

Van egy terv a szekrényben,
poros rajz, üvegvár, (hazavár).
Hogy felépült-e?
Nem tudom, (akarom).

amikor senki sem vár, mert csak a rothadás van
az gőzölög a betonon, csak bűzölgő olvadás van
amikor a semmi a mentsvárad, mert nincs válasz
hulladék vagy, puha papírból épült fel a várad

amikor azt mondja, vár, de hazudott neked
elhagyott, mit vártál? ennyit érdemelsz
úgy tűnt, ketten vagytok, boldogságnak hitted
megfagyott a lelked, senkit sem érdekelsz

ledől egy vár a távolban, jövőnek hitted
leomlott, mit vártál? hadd vesszen hát minden!
fegyver dördül a távolban, vadásznak hitted
de te húztad meg a ravaszt, távolodik minden

keskeny patak folyóvá duzzad, szélesedik
holt agyadban emlék szunnyad, majd szétesik
ne várj semmit, nincs folytatás, sem születés
viszketés van, kaparás, le a csontig: büntetés

azt mondta, vár, de rútul hazudott nekem
elástam a lelkem, bútól fekete a kertem
mocskot, szemetet ültetek a haldokló földbe
gyere velem, vesszünk lemondásba, sűrű ködbe

ledőlt egy vár a távolban, jövőnek szigetén,
ami sosem volt, karjaidban mindig csend honolt
erdő mélyén kicsiny tó, béka vár a közepén
ennél több sosem volt, ami várt, elvándorolt

Szavak

Szerettem volna menten összetörni,
kiseperni az életemből a fényeket.
Úgy írni, alkotni, hogy a porba ledőlni,
s nem festeni újra a kék eget.
De mégis a tudat, hogy piramissá lettem,
hogy szenvedő kezek emeltek magasra.
Hogy homokba hajló testem törhetetlen,
hiába kiáltom, hogy döntsetek a porba...

Most belenyugszom mégis...

Hisz áll még a Delphoi jósda –
habár a jós már halott, lelke kinn, a tengeren zúg.
S hangja olyan, mintha épp egy húr pattanna el...
Talán az én hangom is egyszer a csendbe fúl majd el.
De addig még virrad fel napom, s a szélbe kiáltom.
...de mit is? Olybá tűnök, mint egy néma énekes.

De szólok én, szólok, míg van kihez!

szórj homokot a kitépett agyra, vad viharban feküdj az ágyra
hasonmásod kilépett a fagyra, vadkan orra fellök az ágra
ágak között meztelen test, fellógatták, felnyitották
tükörképed esztelenül beszéltesd, a vérkohót már begyújtották

holdfény alatt megpihen a gyerekgyilkos szatír
szétnyílt zubbonyából elővesz egy papírt
szavak vannak rajta, a pecsétviaszon zafír
az írás egy bűntelen életről szól, melyet visszasír

hasonmás halad a havon, száraz lábbal kel át kietlen tavon
másik világból való, gerinc nélkül, egyenes háttal s vakon
így jár ő, így repül, így nyer feloldozást: ülve a papon
lelkébe költözve, szemébe nézve, bemászva az ablakon

szórj sót kiégett talajra, vad rózsának elhalt sarja
hasonmásod elégett e napon, vak jóságnak gyilkos papja
ágak között esztelen test, felhúzták, felkoncolták
tükörképed meztelenül beszéltesd, a vérkopót már megfuttatták

habzó szájjal várja a hajnalt a tapír
szétnyílt páncéljából elővesz egy papírt
szavak vannak rajta, a pecsétviaszon zafír
az írás emberi életről szól, melyet visszasír

tükörkép hever a falon, rajta repedés, mégis él
nyomai az egykori havon, elolvadva meztelenül beszél
holdfény alatt porló fejjel dolgozik a radír
szétnyílt anyagából elővesz egy papírt
szavak vannak rajta: szatír és tapír
az írás más életekről szól, melyeket visszasír

Álom

Apró csengettyű csilingelt valahol,
szapora szívverés, mit okozol.
Szerelmes rózsaszínre festi álmom,
ha elképzelem, ahogy két karod átfon.

Karácsonyi hangulat szállja meg a szívem,
nem hagyod, hogy az ünnepet elveszítsem.
Visszacsempészed szívembe a gyermekkort,
pilláimra hinted a tündéri álomport.

Ha veled hajthatom álomra a fejem,
nem menekülök démonok elől esztelen.
Ölelő karod megvéd minden gonosztól,
engedj, hogy én is óvhassalak a rossztól.

álmomban nyáj voltam: lemészároltak, megettek
álmomban nyár voltam: tavaszt loholva követtem
kiszáradt szájban nyál voltam, homokot ettem
ölben égő vágy voltam, melyben darazsak rekedtek

futok az erdőben, szállok a szélben lázasan
égő pallosként csapódok be tóparti nádasba
veszett rókaként prédámat keresem holdfénynél
nyálamat csorgatva vizet iszom örvénynél

sivatagi vihar vagyok: homok, kő, porfelleg
Isten szeme letekint, reám néz: „Megismerlek."
teveháton utazik a Halál, végtelenbe néz, elköszön
elsuhanok felette, vértelen szemébe nézve fellököm

ágyam mellett ametiszt őrzi az álmom
fejem felett fakereszt, fordítva ne álljon
álmomban gonosz voltam: életet vettem, halált adtam
vért nyeltem, sötét űrt hánytam, kelésként kifakadtam

álmomban öreg voltam: lógó, ráncos bőröm takargattam
leszakadó köröm voltam, lezúduló láva a hegyoldalban
ordító falka voltam, eltört gőzszelepként sikoltottam
utolsó csillagként rettegve pislákoltam holtomban

kozmikus vihar voltam, fekete lyuk egy anyaméhben
„Álom ez vagy halál?" – kérdezem megfagyva a mélyben
„Ne várj feloldozást" – mondja egy hang az éterben
„Bűnös, kóválygó lélek vagy, nincs helyed az Édenben."

Éjszaka

Éjnek sötét leple alatt öleltelek, kedvesem,
éjnek sötét leple alatt jöttél el, szerelmesem.
Bágyadt csillag s holdnak fénye volt lágy takaró,
könnyet, mosolyt egy az egyben gyorsan eltakaró.

Fényt hoztál az éjjelembe, mégis csillag rejtett el,
holdnak finom lágy világa homokszemmel permetelt.
Szóra nem volt szükségünk, a tett beszélt,
sóhajaink hangját könnyed szellő hordta szét.

Karjaidban pihentem, először, nem utószor,
éji virág kis lepkéje csengő éneket dalolt.
„Légy az enyém, én a tied, édes kis angyalom,
boldoggá teszem az életed, ha nékem azt hagyod.

Nem lesz könnyed soha többet, ígérem most neked,
letörlöm az arcocskádról, de csak ha engeded."
Kezem nyújtom, szót fogadok, párom legyél énnekem,
s rólad szól majd, csakis rólad, minden szép énekem.

éjszakai gyár füstöt okádva zakatol
befogod a szád, fuldokolva elkárhozol
dőlj hátra, és élvezd, ahogy birtokol
és mossa az agyad az üresség
párna az arcra, fakó sötétség

éjszaka leple, mély kút, reménysugár odalent
a zuhanás vége mindig rút, halálmadár énekel
fekete cső, fogyatkozó levegő, nincs kiút
csökkenő hő, fogyó hold, végső zarándokút

nincs válasz, sem jövő, csak a halál arca
engem néz, szembejövő alakok dőlnek a porba
sötétség, vak szerelem, az öntudat vége
nevess egyszer utoljára, legyen végre béke!

bebújok a parketta résein, féreg s bogár leszek
egy lélek ócska maradványa, semmit sem jelentek
éjszakai gyár zajong odakint, kezdődik az őrület
röhögő emberek idebent, bennem látják szeretőjüket

mossa az agyamat az üresség, felkelek, s járok
beköszönt a sötétség, távol már a sanyarú élet
sírkövet dobok a kútba: a sajátomat, utána mászok
a mély csend gyógyír a búra, ölni jár belém a lélek

éjszaka leple, hosszú út, vérsugár, nyíló virág
a zuhanás vége mindig rút, bezárul a világ
fekete cső, nedves levegő, dohos, penész szagú
egy halott nő engem köszönt, végső zarándokút

Egyéb kiadványaink

Antológiák:
„Az erdő mélyén" horrorantológia
„Robot / ember" sci-fi antológia
„Oberon álma" sci-fi antológia

Sacheverell Black
A Hold cirkusza (misztikus regény)

Bálint Endre
A Programozó Könyve (sci-fi regény)

Szemán Zoltán
A Link (sci-fi regény)
Múlt idő (sci-fi regény)

Anne Grant
Mira vagyok (thrillersorozat)
1. Mira vagyok... és magányos
2. Mira vagyok... és veszélyes [hamarosan]
3. Mira vagyok... és menyasszony [hamarosan]

David Adamovsky
A halhatatlanság hullámhosszán (sci-fi sorozat)
1. Tudatküszöb (írta: David Adamovsky)
2. Túl a valóságon (írta: Gabriel Wolf és David Adamovsky)
3. A hazugok tévedése (írta: Gabriel Wolf)
1-3. A halhatatlanság hullámhosszán (teljes regény)

Gabriel Wolf

Tükörvilág:

Pszichopata apokalipszis (horrorsorozat)
1. Táncolj a holtakkal
2. Játék a holtakkal
3. Élet a holtakkal
4. Halál a Holtakkal
1-4. Pszichokalipszis (teljes regény)

170

Mit üzen a sír? (horrorsorozat)
1. A sötétség mondja...
2. A fekete fák gyermekei
3. Suttog a fény
1-3. Mit üzen a sír? (teljes regény)

Kellünk a sötétségnek (horrorsorozat)
1. A legsötétebb szabadság ura
2. A hajléktalanok felemelkedése
3. Az elmúlás ősi fészke
4. Rothadás a csillagokon túlról
1-4. Kellünk a sötétségnek (teljes regény)
5. A feledés fátyla (a teljes regény újrakiadása új címmel és borítóval)

Gépisten (science fiction sorozat)
1. Egy robot naplója
1.5 Fajok 2177 (spin-off novella)
2. Egy pszichiáter-szerelő naplója
3. Egy ember és egy isten naplója
1-3. Gépisten (teljes regény)

Hit (science fiction sorozat)
1. Soylentville
2. Isten-klón (Vallás 2.0) [hamarosan]
3. Jézus-merénylet (A Hazugok Harca) [hamarosan]
1-3. Hit (teljes regény) [hamarosan]

Valami betegesen más (thrillerparódia sorozat)
1. Az éjféli fojtogató!
2. A kibertéri gyilkos
3. A hegyi stoppos
4. A pap
1-4. Valami betegesen más (regény)
5. A merénylő [hamarosan]

Dimenziók Kulcsa (okkult horrornovella)

Egy élet a tükör mögött (dalszövegek és versek)

Tükörvilágtól független történetek:

Árnykeltő (paranormális thriller/horrorsorozat)
1. A halál nyomában
2. Az ördög jobb keze

3. Két testben ép lélek
1-3. Árnykeltő (teljes regény)

A napisten háborúja (fantasy/sci-fi sorozat)
1. Idegen Mágia
2. A keselyűk hava
3. A jövő vándora
4. Jeges halál
5. Bolygótörés
1-5. A napisten háborúja (teljes regény)
1-5. A napisten háborúja illusztrált változat (a teljes regény újrakiadása magyar és külföldi grafikusok illusztrációival)

Ahová sose menj (horrorparódia sorozat)
1. A borzalmak szigete
2. A borzalmak városa

Odalent (young adult sci-fi sorozat)
1. A bunker
2. A titok
3. A búvóhely
1-3. Odalent (teljes regény)

Humor vagy szerelem (humoros romantikus sorozat)
1. Gyógymód: Szerelem
2. A kezelés [hamarosan]

Álomharcos (fantasy novella)

Gabriel Wolf gyűjtemények:
Sci-fi 2017
Horror 2017
Humor 2017

www.artetenebrarum.hu

Lightning Source UK Ltd.
Milton Keynes UK
UKHW020635270720
367241UK00009B/592